Thomas K. von Kleinsorgen

Besser in Latein

Grammatik 1./2. Lernjahr

Cornelsen
Power Learning

Wir wissen nicht, was der freundliche Römer dort empfiehlt; wir empfehlen den **Pocket Teacher Latein: Grammatik** von Cornelsen Scriptor. Er enthält – knapp und klar und mit vielen Beispielen – das Basiswissen zur Latein-Grammatik (ISBN 3-589-21207-1).

Cornelsen online http://www.cornelsen.de

Gedruckt auf chlorfrei gebleichtem Papier
ohne Dioxinbelastung der Gewässer.

Bibliografische Information
Die Deutsche Bibliothek verzeichet diese Publikation in der Deutschen Nationalbibliografie; detaillierte bibliografische Daten sind im Internet über http://dnb.ddb.de abrufbar.

Dieses Werk berücksichtigt die Regeln der reformierten Rechtschreibung und Zeichensetzung.

6. 5. 4. € Die letzten Ziffern bezeichnen
06 05 04 Zahl und Jahr der Auflage.

Redaktion: Heike Friauf, Frankfurt am Main
Umschlagentwurf: Bauer + Möhring, Berlin
Illustrationen: Klaus Puth, 63165 Mühlheim
Typografie: Julia Walch, Bad Soden
Herstellung und Umbruch: Kristiane Klas, Frankfurt am Main
Lithografie: Tom Harwerth Herstellung, Frankfurt am Main
Druck- und Bindung: Tesinska Tiskarna, Cesky Tesin
Printed in the Czech Republic
ISBN 3-589-21830-4
Bestellnummer 218304

Inhalt

Die Randsymbole bedeuten:

 Hier kannst du direkt in das Buch schreiben.

 Nimm ein Blatt oder besser noch ein Heft und schreibe dort hinein.

DEUTSCHLAND GEWINNT 3 : 0!

Bericht von unserem Reporter V. Er. Kehrt

Im letzten Länderspiel vor den Qualifikationsspielen zur Fußballeuropameisterschaft gewann die neu formierte deutsche Nationalmannschaft verdient 3 : 0. Das erste deutsche Tor erzielte dabei Lars Ricken mit einem verwandelten Siebenmeter (der gegnerische Abwehrspieler war durch den Kreis gelaufen), die Treffer Nummer zwei und drei gingen auf das Konto von Fredi Bobic. Den ersten Treffer erzielte er mit einem sehenswerten Dunking, den zweiten mit einem fulminanten Linkswurf.

Wie dir dieses Buch helfen kann

Was ist das wohl für ein komischer Reporter, der nicht einmal in der Lage ist, ein Fußballspiel mit den richtigen Fachausdrücken zu kommentieren! Die Ausdrücke und Spielregeln aus den Bereichen Handball und Basketball haben natürlich auf einem Fußballplatz und in einem Bericht über ein Fußballspiel nichts zu suchen. Jede Sportart besitzt ihre eigene Begrifflichkeit. Ebenso verhält es sich mit der Begrifflichkeit, wenn man sich über eine Sprache und deren Grammatik unterhalten will. Damit du erfolgreich mitarbeiten kannst, musst du wichtige grammatische Begriffe richtig verwenden können. Diese findest du, zur Wiederholung und damit du richtig fit wirst, im ersten Kapitel dieser Lernhilfe. Schließlich soll dir nicht passieren, was unserem Reporter V. Er. Kehrt passiert ist.

Die Lernhilfe ist so angelegt, dass du die einzelnen Kapitel jeweils für sich bearbeiten kannst, je nachdem, was du gerade wiederholen möchtest oder was ihr in der Schule durchnehmt.

Wenn du jetzt mit dieser Lernhilfe arbeitest, darfst du dich nicht selbst betrügen. Falls einmal Schwierigkeiten in einem Kapitel auftreten, solltest du nicht sofort im Lösungsheft nachsehen, sondern dir die Erläuterungen noch ein zweites Mal durchlesen und einen erneuten Lösungsversuch starten. Du wirst sehen, zumeist hilft das! So wirst du auch insgesamt sicherer mit der Grammatik und ihren einzelnen Erscheinungen. Am besten ist es, wenn du das Lösungsheft möglichst weit wegpackst (oder es sogar deinen Eltern gibst) und erst nach einem vollständigen Lösungsversuch deine Ergebnisse überprüfst. Unbekannte Vokabeln kannst du im Vokabelverzeichnis deines Lehrbuches nachschlagen.

So – und nun viel Spaß!

ERST MAL ZUM LATEIN-TÜV

1. Grammatischer Vorkurs

Wahrscheinlich würdest du es nicht wagen, mit diesem Auto an einem Rennen teilzunehmen. Zu viele Teile sind kaputt und das Ganze droht jeden Moment auseinander zu fallen. Ebenso kann bei dir, sofern du die verschiedenen Teile der Grammatik nicht richtig beherrschst, dein Lateingerüst defekt sein. Also wollen wir zunächst einmal mit dem grammatischen Latein-TÜV beginnen und die Grundlagen für eine gute weitere Arbeit legen.

Die Wortarten

Grundsätzlich unterscheidet man **flektierbare** (d. h. veränderbare) und **unflektierbare** (unveränderbare) Wörter.

Zu den **flektierbaren** Wörtern gehören die **Nomina**. Zu diesen zählt man:

- **Substantive** (Hauptwörter): Tag, Mahlzeit, Haus
- **Adjektive** (Eigenschaftswörter): groß, klein, still, fleißig
- **Partizipien** (Mittelwörter/Verlaufsformen): laufend, gelobt
- **Pronomina** (Fürwörter) gehören auch dazu; dabei unterscheiden wir:
    - **Personalpronomen** (persönliche Fürwörter): ich, du, wir, ihr, euch
    - **Demonstrativpronomen** (hinweisende Fürwörter): dieser, jener, derjenige
    - **Possessivpronomen** (besitzanzeigende Fürwörter): mein, dein, unser
    - **Interrogativpronomen** (fragende Fürwörter): wer? was? wessen?
    - **Relativpronomen** (bezügliche Fürwörter): der, die, das, welcher
- **Numerale** (Zahlwort):
    - von den **Grundzahlen** (Cardinalia) nur: eins, zwei und drei
    - von den **Ordnungszahlen** (Ordinalia) alle: der Erste usw.

Alle diese Nomina werden *dekliniert*.

Veränderbar sind auch die **Verben** (Zeitwörter): laufen, wohnen, lernen
Verben werden *konjugiert*.

Bei den Verben muss man zwischen **transitiven** und **intransitiven Verben** unterscheiden. Transitive Verben können ein Akkusativobjekt bei sich haben, das im passivischen Satz zum Subjekt wird. Beispiel: Ich lobe meine Katze (Akkusativobjekt). Passivsatz: Meine Katze (jetzt Subjekt) wird von mir gelobt.
Alle anderen Verben nennt man intransitive Verben.

Zu den **unflektierbaren** Wörtern (auch **Partikeln** genannt) zählen:

- **Adverbien** (Umstandswörter): oft, morgens; auch fragend: wo? wie?
- **Präpositionen** (Verhältniswörter): über, unter, nach, neben
- **Konjunktionen** (beiordnende Bindewörter): aber, und, denn, nämlich
- **Subjunktionen** (unterordnende Bindewörter): nachdem, sobald, weil, obwohl
- **Interjektionen** (Ausrufewörter): ach! o weh!
- **Negationen** (Verneinungswörter): nicht, nie, niemals

1 Versuche nun die Wörter des folgenden Textes (abgesehen von den Eigennamen) in die Tabelle einzuordnen. Übertrage dafür die Tabelle in den Heft – mit breiten Spalten zum Hineinschreiben.
Schreibe bei den Substantiven auch jeweils den Artikel davor, der den Kasus deutlich macht.

Frühmorgens eilt Gaius mit seinem Freund Marcus, der bei ihm in der Nähe wohnt, in die Schule. Diese Schule wird von einem ehemaligen griechischen Sklaven, der Diomedes heißt, geleitet. Auf dem Weg fragt Marcus: „Wo wohnt Diomedes? Liegt seine Wohnung in der Nähe? Er ist immer sehr früh da?" Gaius klärt seinen Freund auf: „Diomedes wohnt in einem kleinen Zimmer, das hinter unserem Unterrichtsraum liegt."

Nomina					
Substantiv	Adjektiv	Partizip	Personalpronomen	Demonstrativpronomen	Possessivpronomen
dem Freund					

Nomina		**Verben**	**Partikeln**		
Interrogativpronomen	Relativpronomen	Verb	Adverb	Präposition	Konjunktion

Drei Merkmale bestimmen die **Deklination**:

1. der **Kasus** (der Fall): der Nominativ (1. Fall; Wer-Fall), der Genitiv (2. Fall; Wessen-Fall), der Dativ (3. Fall; Wem-Fall), der Akkusativ (4. Fall; Wen-Fall), im Lateinischen zusätzlich: der Ablativ (5. Fall); gelegentlich wird als 6. Fall auch noch der Vokativ (Anredefall) unterschieden.
2. der **Numerus** (die Anzahl): Singular (Einzahl), Plural (Mehrzahl)
3. das **Genus** (das Geschlecht): maskulinum (männlich), femininum (weiblich), neutrum (sächlich)

2 Nimm aus deiner Tabelle die Substantive und bestimme die Wörter nach diesem Schema. Du musst dabei noch einmal genau im Text auf S. 7 nachlesen, damit du den Kasus richtig bestimmst.

Substantivform	Kasus	Numerus	Genus
dem Freund	*Dativ*	*Singular*	*m.*

Fünf Merkmale bestimmen die **Konjugation**:

1. die **Person** (1., 2., 3. Person)
2. der **Numerus** (Anzahl) : Singular (Einzahl),
   Plural (Mehrzahl)
3. der **Modus** (Aussageweise): Indikativ (Wirklichkeitsform), Konjunktiv (Möglichkeitsform), Imperativ (Befehlsform)
4. das **Tempus** (Zeit):
   Präsens (Gegenwart)
   Imperfekt/Präteritum (Vergangenheit)
   Futur I (Zukunft)
   Perfekt (vollendete Gegenwart)
   Plusquamperfekt (vollendete Vergangenheit)
   Futur II (vollendete Zukunft)
5. das **Genus verbi** (Handlungsart):
   Aktiv (die Tätigkeitsform), Passiv (die Leideform)

3 Sieh dir nun einmal diese Verbformen an und bestimme sie nach folgendem Schema. Übertrage dazu auch dieses Schema in dein Heft.

ich bin getäuscht worden – sie hatten gewonnen – er rannte – ihr werdet gelobt werden – sie wäre entdeckt worden – lauft! – wir werden arbeiten – du wirst gehört – ihr werdet gesungen haben – er liebe

Verbform	Person	Numerus (dt.:______)	Modus (dt.:?)	Tempus (dt.:______)	Genus verbi (dt.:?)
ich liebe	*1.*	*Singular*	*Indikativ*	*Präsens*	*Aktiv*

Kommen dir die Begriffe jetzt vertraut vor? Dann kann die Reise ja weitergehen.

4 Versuche nun die folgenden Begriffe auf die bereitstehende Tabelle zu verteilen.

Aktiv – Akkusativ – Dativ – femininum – Futur – Genitiv – Imperativ – Imperfekt – Indikativ – Konjunktiv – maskulinum – neutrum – Nominativ – Passiv – Perfekt – Plural – Plusquamperfekt – Präsens – Singular

Kasus	Modus	Genus	Tempus	Genus verbi	Numerus

Diese Begriffe solltest du jetzt fehlerfrei beherrschen und auf keinen Fall mit den Bezeichnungen der folgenden Gruppe verwechseln, denn sonst ergeht es dir wie unserem Fußballreporter!

Die Satzglieder bzw. die Aufgabe von Wörtern im Satz

Unvorsichtige Kinder beißen häufig Hunde!

Sind Kinder mittlerweile schon so bisswütig, dass sie sich an Hunde heranwagen? Das kann doch wohl nicht wahr sein! Erst beim zweiten Hinsehen wird klar, dass in diesem Satz nicht die Kinder die „Bisswütigen" sind, sondern die Hunde. Helfen kann uns bei solchen Sätzen die Bestimmung der Satzglieder bzw. die Bestimmung der syntaktischen Funktion von Wörtern, durch die die Aufgabe der Wörter innerhalb eines Satzes festgelegt wird. Folgende Satzglieder solltest du kennen:

- das **Subjekt**, den Satzgegenstand (Frage: **Wer** oder **was** tut/ist?)
- das **Prädikat**, die Satzaussage (Fragen: Was **wird ausgesagt**?/Was **ist**?)
- das **Objekt**, die Satzergänzung (Fragen: **Wem** geschieht etwas? – Dativobjekt. Auf **wen oder was** richtet sich die Handlung des Prädikats? – Akkusativobjekt. **Bei/Mit wem** ...? – Präpositionales Objekt.)
- das **Adverbiale**, die Umstandsbestimmung (dieses Satzglied erläutert den Verbvorgang genauer; insofern ergeben sich hier vielfältige Fragen: Wo? Wann? Warum? Wie?/Auf welche Weise? Mit welcher Folge?)
- das **Attribut**, die Beifügung (Frage: „Was für ein?")

Zu den notwendigen Bestandteilen, um einen Satz zu verstehen, gehören immer das Subjekt und das Prädikat, sehr oft auch das Objekt. Das Adverbiale und das Attribut stellen dagegen zusätzliche Angaben dar.

5 Doch zurück zu unserem Ausgangssatz. Versuche einmal die Satzglieder zu bestimmen.

	Unvorsichtige	**Kinder**	**beißen**	**häufig**	**Hunde.**
Frage:					
Satzglied bzw. Aufgabe des Wortes im Satz:					

6 Bestimmt hat dir diese Aufgabe keine großen Schwierigkeiten mehr bereitet und du hast die Hunde schnell als die Handlungsträger – die Beißer – richtig erkannt. Doch wie steht es mit dem kurzen Text von S. 7 über unsere beiden römischen Jungen? Versuche auch hier die Aufgaben der Wörter im Satz zu bestimmen! (Das Wort, das über dem grauem Feld steht, brauchst du nicht zu bestimmen! Auf seine Funktion werden wir später eingehen.)

	Frühmorgens	eilt	Gaius	mit seinem Freund Marcus,
Frage:				
Satzglied bzw. Aufgabe des Wortes im Satz:				

	der	bei ihm	in der Nähe	wohnt,	in die Schule.
Frage:					
Satzglied bzw. Aufgabe:					

	Diese	Schule	wird	von einem ehemaligen griechischen Sklaven	geleitet,
Frage:					
Satzglied bzw. Aufgabe:					

	der	Diomedes	heißt.	Auf dem Weg	fragt	Marcus:
Frage:						
Satzglied bzw. Aufgabe:						

	„Wo	wohnt	Diomedes?	Liegt	seine	Wohnung	in der Nähe?
Frage:							
Satzglied bzw. Aufgabe:							

Wenn du auch diese Aufgabe richtig gelöst hast, hast du schon eine ganze Menge von der Sprache und ihrer Funktion verstanden und kannst bei den folgenden Kapiteln, die sich nun mit der lateinischen Sprache beschäftigen werden, sicher gut mitarbeiten. Falls du noch Fehler gemacht hast, solltest du die Erläuterungen noch einmal genau durchlesen und einen erneuten Lösungsversuch starten. Denn damit wir uns gut und richtig verstehen, müssen wir auch dieselbe Fachsprache sprechen, sonst ergeht es uns wie unserem Fußballreporter V. Er. Kehrt!

ZEITREISE 1. TEIL

2. Indikativ Präsens Aktiv

Hier beginnen wir mit dem ersten Teil einer Reise durch die Zeiten. Wie du siehst, steht auf unserer Abschussbasis „Capo Latino" schon eine Rakete bereit, die dich sicher zur ersten Etappe bringen soll.
Die lateinische Sprache bedient sich bei der Bildung der einzelnen Wortformen eines ausgeklügelten Baukasten-Prinzips. Besonders wichtig ist dabei die Endung der Wörter, ganz gleich, ob es sich um Substantive, Pronomina, Adjektive oder Verben handelt. Mit Hilfe der Endungen erreicht die lateinische Sprache das, wozu wir in unserer Sprache Artikel, Personalpronomina oder Hilfsverben gebrauchen. Steigen wir also ein in dieses antike „Lego"system der Sprache und sehen uns als Erstes die Bauweise des Indikativ Präsens Aktiv an. Dabei wollen wir uns zunächst auf die Verben der **a-** und **e-Konjugation** beschränken. Dazu gehören alle Verben, deren Stamm auf einem langen -**a** oder -**e** endet wie *lauda-re*, *labora-re*, *manda-re* bzw. *arde-re*, cense-*re*, vide-*re*. Das angehängte ***-re*** ist das **Kennzeichen** (= Morphem) des **Infinitivs Präsens Aktiv**.

Wichtig ist, dass du vom ersten Auftreten der Verben an auf die **korrekte Aussprache der Vokale** achtest.

Das gilt besonders für den Vokal vor der Infinitiv-Endung. Bei den Verben der **a**-Konjugation ist dies ja einfach, aber bei den Verben auf **-e** kann das schon schwieriger werden. Denn: *manere*, *cadere* und *fugere* sehen zwar in ihrer geschriebenen Form gleich aus, jedoch ist nur bei manere das *-e-* vor der Infinitiv-Endung lang. Daran kannst du sofort erkennen, dass dieses Verb zur **e**-Konjugation gehört. Bei den beiden anderen Verben wird das *-e-* kurz gesprochen, womit ihre Zugehörigkeit zu anderen Konjugationsklassen festgelegt ist, auf die wir später zu sprechen kommen.

Die ersten Bausteine für unser System lauten:

-o -s -t -mus -tis -nt

Mit ihnen drückt der Römer im Indikativ Präsens Aktiv die Personen aus: ich, du, er/sie/es, wir, ihr, sie.
Wenn wir diese Endungen an unsere oben aufgeführten Verben anhängen, ergibt das:

a-Konj.	laud**o**	lauda-s	lauda-t	lauda-mus	lauda-tis	lauda-nt
a-Konj.	labor**o**	labora-s	labora-t	labora-mus	labora-tis	labora-nt
a-Konj.	mand**o**	manda-s	manda-t	manda-mus	manda-tis	manda-nt
e-Konj.	arde-o	arde-s	arde-t	arde-mus	arde-tis	arde-nt
e-Konj.	cense-o	cense-s	cense-t	cense-mus	cense-tis	cense-nt
e-Konj.	vide-o	vide-s	vide-t	vide-mus	vide-tis	vide-nt

Doch was ist in der ersten Person Singular bei den Verben der **a**-Konjugation geschehen? Warum steht dort *laudo* und nicht *„laudao"*? Hier ist eine Verschmelzung von *-ao* zu *-o* eingetreten, da die beiden Vokale getrennt gesprochen nicht so gut klingen.

1 Bestimme und übersetze nun die folgenden Verbformen.

sedemus	1. P. Pl.		pareo		
gaudes			tacemus		
maneo			delectat		
spectatis			festino		
rides			statis		
appropinquat			salutant		
intro			habemus		
clamant			vocas		
laboratis			respondent		

2 **Hin und Her!** Vertausche jeweils den Numerus! Mach also aus Einzahl Mehrzahl und umgekehrt.

sedemus		pareo	
gaudes		tacemus	
maneo		delectat	
spectatis		festino	
rides		statis	
appropinquat		salutant	
intro		habemus	
clamant		vocas	
laboratis		respondent	

Ein wenig komplizierter ist die Konjugation des lateinischen Hilfsverbs ***esse*** – sein. Doch mit ein wenig Bemühen wirst du auch sie durchschauen. Wie im Deutschen gibt es bei diesem Hilfsverb auch im Lateinischen unterschiedliche Wortstämme, doch bleiben im Lateinischen die bekannten Personalendungen – mit Ausnahme der 1. Person Singular – erhalten.

sum	**es**	**est**	**sumus**	**estis**	**sunt**
ich bin	du bist	er/sie/es ist	wir sind	ihr seid	sie sind

Neben den genannten Konjugationen gibt es, wie oben bereits angesprochen, noch weitere Konjugationsklassen. Erinnere dich: Auf S. 12 wurden auch *cadere* und *fugere* genannt. Sieh dir die beiden folgenden Schemata einmal an:

cad-o	cad-i-s	cad-i-t	cad-i-mus	cad-i-tis	cad-u-nt
fugi-o	fugi-s	fugi-t	fugi-mus	fugi-tis	fugi-u-nt

Obwohl beide Verben im Infinitiv gleich aussehen und auch mit einem kurzen ***-e-*** gesprochen werden, gehören sie nicht der gleichen Konjugationsklasse an.
Bei *cadere* lautet der Stamm *cad-*; der Wortstamm endet also auf einem Konsonanten. Die Konjugationsklasse, zu der solche Verben gehören, heißt deshalb **konsonantische Konjugation**. Zur Bildung der Formen wird, wenn die Personalendung mit einem Konsonanten beginnt, ein ***-i-*** oder (in der 3. Pers. Plur.) ein ***-u-*** eingeschoben, um die Formen leichter aussprechen zu können. Dieser Vokal heißt deshalb „Aussprechvokal" oder „Bindevokal" und muss bei der Zerlegung der Formen sowohl vom Stamm als auch von der Endung abgetrennt werden (→ cad-i-mus).
Bei *fugere* dagegen gehört das ***-i-*** zum Stamm. Es ist ein kurzes ***-i-*** und darf nicht vom Stamm abgetrennt werden (→ fugi-mus). Die Konjugationsklasse heißt deshalb **kurzvokalische i-Konjugation**. Bei der Formenbildung werden an den durch ***-i-*** erweiterten Stamm die Personalendungen angehängt, wobei in der 3. Person Plural das ***-u-*** aus der konsonantischen Konjugation mit übernommen wird. Außerdem bleibt, wie du am Infinitiv gesehen hast (fugere), das *-i-* nicht in allen Formen

erhalten; einige Formen sehen dadurch so aus, als gehörten sie zu einem Verb der konsonantischen Konjugation. Die Konjugationsklasse wird deshalb auch **gemischte Konjugation** genannt.

> **Wichtig** ist es für dich daher beim Vokabellernen, dass du bei den Verben – besonders bei denen, die ein ***-e-*** vor der Infinitivendung haben – immer sofort **auch die 1. Person Singular Indikativ Präsens Aktiv mitlernst**, damit du die Verben der richtigen Konjugationsklasse zuordnen kannst. Denn davon wird noch eine Menge abhängen!

3 Gib bei den folgenden Verben die jeweilige Konjugationsklasse an und bilde alle fehlenden Formen.

Konj. -Kl.	1. Singular	2. Singular	3. Singular	1. Plural	2. Plural	3. Plural
						monent
	capio					
						trahunt
						rapiunt
	fleo					
	peto					

4 Suche dir dann – sofern du die Bedeutung nicht weißt – aus dem Vokabelanhang deines Lehrbuchs die Bedeutung der Verben heraus und übersetze auf einem Blatt die hellblau unterlegten Formen!

Als letzte Konjugation wollen wir uns nun noch die **i-Konjugation** anschauen. Sie wird gelegentlich auch langvokalische i-Konjugation genannt, weil bei den Verben, die zu dieser Gruppe gehören, im Gegensatz zu *fugere* und *cadere* (s. S. 14) der Stammauslaut ***-i-*** lang ist und deshalb auch in allen Formen als Teil des Stammes erhalten bleibt:

audi-o audi-s audi-t audi-mus audi-tis audi-u-nt

Diese Deklinationsklasse dürfte für dich keine große Schwierigkeit darstellen: In der 3. Person Plural wird auch hier das ***-u-*** aus der konsonantischen Konjugation mit übernommen, im Übrigen werden die Formen wie üblich zusammengesetzt. Ihr Bauplan ist also: **Verbstamm *audi-* + Personalmorpheme**.

5 Wie müssen dementsprechend die Formen von *venire* und *aperire* lauten?

venire: ______________________________

aperire: ______________________________

Jetzt bist du erfolgreich durch das Präsens Aktiv gereist!

EIN FALL KOMMT SELTEN ALLEIN

3. Das Substantiv

Das Baukasten-System funktioniert natürlich auch bei Substantiven. Jetzt heißt es also wieder: Endungen genau anschauen!

Kasuslehre: Der Nominativ

Für den Nominativ gibt es kein einheitliches Kasuskennzeichen (-morphem). Wichtig für dich ist, dass du von jedem Wort weißt, in welche **Deklinationsklasse** das betreffende Nomen (Substantiv) gehört, denn davon hängt die Bildung der weiteren Kasus ab. Häufig wird dadurch auch sein Genus festgelegt.

	o-Deklination			*a-Deklination*	*konsonantische Deklination*	
Singular	filius	puer	forum	cena	labor	pater
Plural	fili-**i**	puer-**i**	for-**a**	cen-**ae**	labor-**es**	patr-**es**

Der Nominativ zeigt dir, dass das Wort **Subjekt** eines Satzes ist. Er bezeichnet als solches die Person oder Sache, die handelt (1), die von einer Handlung betroffen wird (2) oder über die im Satz etwas ausgesagt wird (3):

(1) Puer laborat.	Der Junge arbeitet.
(2) Puer laudatur.	Der Junge wird gelobt.
(3) Cena delectat.	Das Essen erfreut.

Dabei besteht zwischen **Subjekt** und **Prädikat** eine **Numerus-Kongruenz** (= Übereinstimmung in der Zahl, d. h., Subjekt und Prädikat stehen entweder beide im Singular oder beide im Plural).

1 Bilde unter Beachtung dieses Grundgesetzes aus den folgenden Substantiven und Verben sinnvolle kleine Sätze. Zu jedem Substantiv findet sich ein passendes Verb.

Substantive: amici – filius – liberi – magister – puella – puer – servi – viri
Verben: accubant – docet – gaudent – ministrant – repondent – ridet – sedet – stat

Daneben tritt der Nominativ in Verbindung mit dem Hilfsverb *esse* auch als **Prädikatsnomen** auf und stellt mit diesem zusammen gewissermaßen ein „nominales Prädikat“ dar.

Syrus servus est.	Syrus ist ein Sklave.
Apollodorus Graecus est.	Apollodorus ist ein Grieche.
Rufus dominus est.	Rufus ist der Hausherr.
Cornelia domina est.	Cornelia ist die Hausherrin.

Häufig werden als Prädikatsnomina auch **Adjektive** verwendet. Viele dieser Adjektive gehören im Lateinischen der a-/o-Deklination an, d. h. sie werden im Maskulinum und Neutrum (Endungen *-us* bzw. *-um*) nach der o-Deklination und im Femininum (Endung *-a*) nach der a-Deklination dekliniert. Auf das Adjektiv *magnus* angewendet, ergibt das folgende Reihen:

	Mask.	*Fem.*	*Neutr.*	
Singular	magnus ... ,	magna ... ,	magnum ...	der große..., die große ..., das große ...
Plural	magni ...,	magnae ...,	magna ...	die großen ...

Werden diese Adjektive mit einem Substantiv verbunden, müssen sie mit dem Bezugswort in **Kasus, Numerus** und **Genus** übereinstimmen, es besteht zwischen ihnen also eine **KNG-Kongruenz**.

Syrus servus *fidus* est.	Syrus ist ein *zuverlässiger* Sklave.
Apollodorus Graecus *callidus* est.	Apollodorus ist ein *schlauer* Grieche.
Rufus dominus *severus* est.	Rufus ist ein *strenger* Hausherr.
Cornelia domina *bona* est.	Cornelia ist eine *gute* Hausherrin.

Forum magnum est.	Das Forum ist groß.
Templa praeclara sunt.	Die Tempel sind hochberühmt.
Labor magnus est.	Die Mühe ist groß.

Genaueres zu den Adjektiven erfährst du auf den Seiten 35-37.

2 Sieh dir nun die folgenden Sätze an und – falls ein Fehler vorliegt – korrigiere sie. Begründe jeweils deine Korrektur und übersetze dann die Sätze.

Marcus amicus bonus sunt. Fehler: ____________
Übersetzung:
____

Cornelia et Iulia appropinquant. Fehler: ____________
Übersetzung:
____

Caecilia mater bona est. Fehler: ____________
Übersetzung:
____

Pater severus est. Fehler: ____________
Übersetzung:
____

Mater benignus est. Fehler: ____________
Übersetzung:
____

Apollodorus et Syrus servus fidus sunt. Fehler: ____________
Übersetzung:
____

Kasuslehre: Der Genitiv

Der Genitiv verfügt im Singular ebenfalls über kein einheitliches Kasusmorphem (-kennzeichen). So bildet die o-Deklination den Genitiv mit einem ***-i***, die a-Deklination mit einem ***-ae*** (beide baugleich mit dem jeweiligen Nominativ Plural!) und die konsonantische Deklination hat für diesen Kasus die Endung ***-is***. Das ergibt für die verschiedenen Deklinationsklassen folgende Formen:

	o-Deklination			a-Deklination	kons. Deklination	
Nom. Sg.	filius	puer	forum	cena	labor	pater
Gen. Sg.	fili-**i**	puer-**i**	for-**i**	cen-**ae**	labor-**is**	patr-**is**
Gen. Pl.	fili-**orum**	puer-**orum**	for-**orum**	cen-**arum**	labor-**um**	patr-**um**

Im Plural bilden die o- und a- Deklination den Genitiv auf ***-orum/-arum***, die konsonantische bildet ihn auf ***-um***.

3 Hin und her! Vertausche den Numerus.

magistri ____________________ *templi* ____________________

virorum ____________________ *oratorum* ____________________

victoris ____________________ *pecuniae* ____________________

viarum ____________________ *equi* ____________________

4 Störenfriede raus! Sieh dir die folgenden Wortreihen an. Es hat sich jedes Mal ein Wort eingeschlichen, das nicht in die Reihe passt. Kennzeichne dieses und begründe deine Entscheidung.

matri – domini – victoris – cenae

servis – amoris – pueris – cenis

laborum – puellarum – puerorum – patrum

horti – ibi – servi – patris

cibi – equi – tibi – periculi

cenae – incolae – servae – patriae

Der lateinische Genitiv bezeichnet die Zugehörigkeit und den Bereich, antwortet auf die Fragen: „wessen?", „was für ein?" und erscheint im Satz zumeist als Attribut.
Sieh dir die folgenden Sätze einmal an!

Villa patris nova est.	Das Haus des Vaters ist neu./Vaters Haus ist neu.
Equum Marci video.	Ich sehe Marcus' Pferd.
Pueri praeclara aedificia fori visitant.	Die Jungen besuchen die berühmten Bauwerke des Forums.

In allen drei Beispielen fragt man nach dem Genitiv mit „Wessen?". Er bezeichnet die Person oder Sache, der etwas (als Eigentum) gehört. Deshalb bezeichnet man diesen Genitiv als **Genitivus possessivus** (Genitiv des Besitzers).
Häufig wird dieser Genitiv im Deutschen falsch wiedergegeben und zwar mit Hilfe der Präposition „von"; z. B. sagt Hans zu Marcus: „Hol mal das Buch von Peter!" – Was ist mit diesem Satz gemeint? Soll (1) der angesprochene Hans Peters Buch holen, das der ihm vielleicht vor einem Jahr zum Geburtstag geschenkt hat, oder soll (2) Marcus erst zu Peter nach Hause gehen und von dort das Buch holen? Wenn man in solchen Zusammenhängen die Präposition „von" verwendet, ist immer eine Aussage gemeint, wie sie im Fall (2) vorliegt. Ansonsten hätte Hans

sagen müssen: „Hol mir bitte Peters Buch!“ Du siehst, du musst den Genitiv im Deutschen genau wiedergeben, sonst wird das, was gesagt werden soll, nicht eindeutig!
Doch keine Regel ohne Ausnahme, wie du bei den folgenden Beispielen entdecken kannst!

Multitudo hominum victorem exspectat.	Eine Menge Menschen erwartet den Sieger.
Midas magnam copiam auri optavit.	Midas wünschte sich eine große Menge Gold.
Quis nostrum id ignorat?	Wer von uns weiß das nicht?
Quid novi fertis?	Was an Neuem bringt ihr?/Was bringt ihr Neues?
Marcus primus omnium est.	Marcus ist der Erste von allen.

In diesen Beispielsätzen bezeichnet der Genitiv das Ganze oder eine Menge, von dem das übergeordnete Wort einen Teil angibt. Deshalb bezeichnet man diesen Genitiv als **Genitivus partitivus**. In diesem Bedeutungsbereich gibt es immer wieder Wortverbindungen, die verlangen, dass du den Genitiv mit Hilfe der Präposition „von“ wiedergibst.

5 Übersetze die folgenden kurzen Beispielsätze und gib jedes Mal an, in welcher Bedeutung der Genitiv verwendet wird.

1. *Pueri puellaeque templa deorum spectant.* – ____________________

____________________ Bedeutungsbereich: __________

2. *Quis vestrum deos Romanos non ignorat?* – ____________________

____________________ Bedeutungsbereich: __________

3. *Ubi terrarum sunt tot aedificia praeclara?* – ____________________

____________________ Bedeutungsbereich: __________

4. *Amicus aedificia fori laudavit.* – ____________________

____________________ Bedeutungsbereich: __________

5. *Prope forum puer equo magnam copiam frumenti dat.* – ____________________

____________________ Bedeutungsbereich: __________

Victoria Romanorum celebratur.	(1) **Der Sieg der Römer** wird gefeiert.
oder:	(2) **Der Sieg über die Römer** wird gefeiert.
Odium Caesaris magna fuit.	(1) **Der Hass Caesars** war groß.
oder:	(2) **Der Hass auf Caesar** war groß.

Der Genitiv kann als Attribut das Subjekt bezeichnen, von dem eine Empfindung oder eine Tätigkeit ausgeht, oder das Objekt, auf das die Empfindung oder Tätigkeit zielt.

An unseren Beispielen siehst du, was gemeint ist: In den Sätzen, die mit (1) gekennzeichnet sind, sind die Römer bzw. Caesar das **Subjekt** der im übergeordneten Substantiv ausgedrückten Tätigkeit oder Empfindung (die Römer sind diejenigen, die gesiegt haben; Caesar ist derjenige, der hasst). Ein Genitiv, der in dieser Bedeutung verwendet wird, heißt deshalb **Genitivus subiectivus**.
In den Sätzen, die mit (2) gekennzeichnet sind, stellen dagegen die Römer bzw. Caesar das Ziel der Tätigkeit oder Empfindung dar, sie sind deren **Objekt** (irgendwelche Gegner haben die Römer besiegt; irgendwelche Menschen hassen Caesar). In solchen Fällen bezeichnet man den Genitiv als **Genitivus obiectivus**.
Sicher wirst du dich jetzt fragen, welche der beiden jeweils möglichen Übersetzungen nun die richtige ist? Das ergibt sich immer aus dem **Zusammenhang** des Textes.

6 Versuche nun die folgenden Genitivblöcke zu übersetzen und unterscheide dabei die beiden Bedeutungsbereiche (= Bed.-Ber.) des Genitivs, die du gerade kennen gelernt hast. Bedenke aber, dass nicht immer beide Übersetzungsmöglichkeiten sinnvoll sind!

1. amor patris	________________	Bed.-Ber.: ________
	________________	Bed.-Ber.: ________
2. fuga puellarum	________________	Bed.-Ber.: ________
	________________	Bed.-Ber.: ________
3. timor lupi	________________	Bed.-Ber.: ________
	________________	Bed.-Ber.: ________
4. cupiditas gloriae	________________	Bed.-Ber.: ________
	________________	Bed.-Ber.: ________
5. imperium populi Romani	________________	Bed.-Ber.: ________
	________________	Bed.-Ber.: ________
6. dolor iniuriae	________________	Bed.-Ber.: ________
	________________	Bed.-Ber.: ________
7. bellum Germanorum	________________	Bed.-Ber.: ________
	________________	Bed.-Ber.: ________

Kasuslehre: Der Dativ

Der Dativ verfügt im Singular über kein einheitliches Kasusmorphem (-kennzeichen). So bildet die o-Deklination den Dativ mit einem ***-o***, die a-Deklination mit einem ***a+e* = *-ae*** und die konsonantische mit einem ***-i***. Das ergibt für die verschiedenen Deklinationsklassen folgende Formen:

	o-Deklination			***a-Deklination***	***konsonantische Deklination***	
Nom. Sg.	filius	puer	forum	cena	labor	pater
Dativ Sg.	fili-**o**	puer-**o**	for-**o**	cen-**ae**	labor-**i**	patr-**i**
Dativ Pl.	fili-**is**	puer-**is**	for-**is**	cen-**is**	labor-**ibus**	patr-**ibus**

Im Plural bilden die o- und a-Deklination den Dativ auf ***-is***, die konsonantische bildet ihn auf ***-ibus***.

7 Vervollständige die folgende Tabelle.

Nominativ Singular	**Dativ Singular**	**Dativ Plural**
	victori	
		vitis
mater		
	periculo	
		venatoribus
asinus		

8 **Alles Dativ – oder was?** Unterstreiche bei den folgenden Wörtern alle die, die **nicht** im Dativ stehen! Der Reihe nach gelesen, ergeben die Anfangsbuchstaben einen Lösungsspruch.

filio – matri – domini – tibi – ibi – servi – puero – ceno – equi – rego – periculis – ego – patribus – matris – villae – incola – labori – horti – morbo – impero – fabulis – victori – periculi – gallis – doloribus – laboro – amoris – asino – morti – cibi – patri – equito – terroris

Der Lösungsspruch lautet:

Sieh dir jetzt einmal den Dativ im Satzzusammenhang an!

(1) Cornelia *columbae* cibum apportat.	Cornelia bringt ihrer Taube Futter.
(2) Marcus *amico* librum dat.	Marcus gibt seinem Freund ein Buch.
(3) Natare *mihi* placet.	Schwimmen gefällt mir./Schwimmen macht mir Spaß.
(4) Pater *filio* respondet.	Der Vater antwortet seinem Sohn.

Häufig tritt der Dativ als **Dativobjekt** auf und antwortet auf die Frage: **„Wem?"** Dabei bezeichnet er bei transitiven Verben das indirekte (oder entferntere) Objekt (siehe die Beispielsätze 1 und 2), bei intransitiven und unpersönlichen Verben das unmittelbare Objekt (siehe Beispiele 3 und 4).
(Solltest du nicht mehr wissen, was transitive und intransitive Verben sind, so lies noch einmal die Erklärung auf Seite 7.)

9 Versuche dementsprechend die folgenden kurzen Sätze zu übersetzen, die von verschiedenen Tätigkeiten berichten.

Lucius amico donum mittit. ______________________

Valeria amicae litteram scribit. ______________________

Cornelia amicae adest. ______________________

Postea puellae litteris student. ______________________

Marcus equo approqinquat. ______________________

Equitare Marco licet. ______________________

Laborare omnibus prodest. ______________________

Doch nicht in allen Fällen kommen wir mit der Frage „Wem?" aus, wie du an den folgenden Sätzen sehen kannst!

Non *scholae*, sed *vitae* discimus.	Nicht für die Schule, sondern für das Leben lernen wir.
Pater *liberis* bene consulit.	Der Vater sorgt gut für seine Kinder.
Servus *domino* villam colit.	Der Sklave bewirtschaftet das Landhaus für den Herrn.

Hier kannst du nicht mehr mit dem Fragewort „Wem?" nach dem Dativ fragen, sondern du musst **„Für wen?"** benutzen. In einem solchen Fall tritt der Dativ als **adverbiale Bestimmung** auf und bezeichnet die Person oder Sache, zu deren Vor- oder Nachteil etwas geschieht (**Dativus commodi** bzw. **incommodi**).

10 Versuche unter Beachtung dieser Fragestellung die folgenden kurzen Sätze zu übersetzen.

Servae Rufo cenam parant. ______________________

Sol omnibus lucet. ______________________

Homo homini lupus est. ______________________

Mihi equus est.

Das ist ein harter Brocken. „Mir ist ein Pferd“ kann wohl nicht die gültige Übersetzung sein, zeigt jedoch schon in die richtige Richtung. „Mir gehört ein Pferd“ wäre schon eine anständige Übersetzung und ist nicht mehr weit von der richtigen Wiedergabe entfernt: Ich habe/besitze ein Pferd.
Nachdem nun die Übersetzung geklärt ist, bleibt noch festzulegen, welches Satzglied der Dativ in solchen Fällen vertritt.

	Mihi	***est***	***equus***
Wortart:	Prädikatsnomen	Kopula	
Satzglied:	Prädikat		Subjekt

Merke: Tritt der **Dativ** zu der Kopula (= Hilfsverb) **esse**, dann wird er zum **Prädikatsnomen** und bezeichnet eine Person, der etwas gehört oder die etwas hat und besitzt. Er trägt deshalb in solchen Fällen die Bezeichnung **Dativus possessivus** (= Dativ des Besitzers). Bei der deutschen Übersetzung wird er häufig zum Subjekt des Satzes.

11 Übersetze nun die folgenden Sätze.

Mihi villa magna est. ______________________________

Marco multae columbae sunt. ______________________________

Cunctis hominibus est similitudo cum deo. ______________________________

____

12 **Lückenfüller gesucht!** Versuche mit den folgenden Wörtern sinnvolle Sätze zu bilden. Schreibe jeweils darüber, ob es sich bei dem eingesetzten Dativ um ein **Objekt**, eine **adverbiale Bestimmung** oder um ein **Prädikatsnomen** handelt.

amicae/sorori – patri – Marco/filio – equis cunctis – equis – stabulo – Marco

Mane Marcus surgit, nam ______________ cibum dare vult. Statim ______________ appropinquat. Equus albus ______________ est, equus niger ______________ . Etiam ______________ multi et praeclari equi sunt. Itaque pater venit et ______________ adest. Sic pater et filius ______________ cibum parant.

Kasuslehre: Der Akkusativ

Der Akkusativ ist im Singular fast durchgehend an dem Kasusmorphem (-kennzeichen) ***-m*** zu erkennen. Das ergibt für die verschiedenen Deklinationsklassen folgende Formen:

	o-Deklination			***a-Deklination***	***konsonantische Deklination***	
Nom. Sg.	filius	puer	forum	cena	labor	pater
Akk. Sg.	filiu**m**	pueru**m**	foru**m**	cena**m**	labore**m**	patre**m**
Akk. Pl.	filio**s**	puero**s**	*fora*	cena**s**	labore**s**	patre**s**

Im Plural ist der Akkusativ zumeist an einem ***-s*** zu erkennen. Mit Ausnahme der o-/a-Deklination ist er baugleich mit dem Nominativ Plural. (Eine Ausnahme bilden die Wörter, die Neutrum sind. Sie enden stets auf ***-a***.)

13 Bilde zu den folgenden Wörtern den Akkusativ Singular und Plural.

	Akkusativ Singular	**Akkusativ Plural**
arbor	______	______
filia	______	______
mater	______	______
oraculum	______	______
dominus	______	______

14 Vertausche den Numerus!

magistros ______

virum ______

victorem ______

vias ______

templa ______

oratores ______

pecuniam ______

equum ______

15 Störenfriede raus! Schau dir die folgenden Wortreihen an. Es hat sich jeweils ein Wort eingeschlichen, das nicht in die Reihe passt. Begründe deine Wahl.

gallum – interdum – vicum – hortum
filias – dominas – convivas – portas
ancillas – laudas – puellas – aulas
cibos – incolas – ancillas – filios
aedificas – villas – fora – statuas

Marcus Lucium amicum videt.
Lucius amicum salutat.

Marcus sieht seinen Freund Lucius.
Lucius grüßt seinen Freund.

In vielen Sätzen tritt der Akkusativ als **Akkusativobjekt** auf, d. h., er gibt an, auf wen oder was die Handlung des Verbs zielt. Um dies erkennen zu können, fragt man nach diesem Satzglied auch: **„Wen oder was?"**

16 Versuche dementsprechend die folgenden kurzen Sätze zu übersetzen.

Cornelia forum intrat. ______________________

Ibi amicas videt. ______________________

Amicae templa spectant. ______________________

Amicae cibos gustant. ______________________

Lucius Romam properat.
Marcus ad circum currit.

Lucius eilt nach Rom.
Marcus läuft zum Zirkus.

Der Akkusativ kann daneben auch als **adverbiale Bestimmung** auftreten und die **Richtung** angeben. Dabei antwortet er auf die Frage: **„Wohin?"**.
Diese Richtungsfunktion wird häufig durch **Präpositionen** unterstützt. Diese Präpositionen solltest du kennen:

ad	zu, an, bei, nach	**sub**	unter
in	in ... hinein, gegen	**praeter**	an ... vorbei, außer
per	durch		

Sofern größere Städte als Richtungsangabe genannt werden, entfällt der Gebrauch der Präposition.

17 Übersetze die folgenden Sätze.

Dominus per forum ad thermas festinat. ______________________________

Marcus per portam thermas intrat. ______________________________

Servi cibos in thermas portant. ______________________________

Multi servi praeter viros properant. ______________________________

Servi totum diem laborant. ______________________________

Sicher hast du festgestellt, dass du den letzten Satz ohne Mühe übersetzen kannst. Doch wie musst du hier nach *totum diem* fragen? „Wen oder was" arbeiten die Sklaven? So kann die Frage nicht lauten. Auch nicht: „Wohin" arbeiten die Sklaven? Helfen kann dir hier nur **„Wie lange?"**. Damit hast du vorläufig auch schon die letzte Funktion (Aufgabe) des Akkusativs vor dir. Er gibt auf die Frage „Wie lange?" als **adverbiale Bestimmung** die **zeitliche Ausdehnung** an.

18 Helfer gesucht! Versuche mit den folgenden Wörtern und Wortverbindungen sinnvolle Sätze zu bilden. Übersetze diese. Gib jeweils an, welches Satzglied der Akkusativ vertritt. Doch Vorsicht: Nicht alle Sätze brauchen eine Ergänzung!

gallum – totum diem – equos – horas multas – ad amicam – templum – ancillas – in campum

		Übersetzung:
Lucius ______	ambulat.	______
Satzglied: ______		______
Equi ______	currunt.	______
Satzglied: ______		______
Liberi ______	non timent.	______
Satzglied: ______		______
Domina ______	dolet.	______
Satzglied: ______		______
Cornelia ______	properat.	______
Satzglied: ______		______
Quintus ______	intrat.	______
Satzglied: ______		______
Gallus ______	canit.	______
Satzglied: ______		______
Pueri ______	terrent.	______
Satzglied: ______		______
Domina ______	vituperat.	______
Satzglied: ______		______
Convivae ______	laeti sunt.	______
Satzglied: ______		______
Orator ______	tacet.	______
Satzglied: ______		______

19 Sieh dir die kleine Bildfolge an. Welches Bild gehört zu welchem Satz? Nummeriere die Bilder in der richtigen Reihenfolge und übersetze dann. Hauptfigur der kleinen Handlung ist ein streitbarer Germane mit Namen Denkmaal (lat. Denkmaalus), der den Römern immer wieder Schwierigkeiten bereitet.

1. *Denkmaalus ad castra Romanorum currit.* – ______________________

____

2. *Denkmaalus praeter castra Romanorum ambulat.* – ______________________

____

3. *Subito in castra Romanorum currit.* – ______________________

____

4. *Denkmaalus Romanos per portam agit.* – ______________________

____

5. *Romani sub arbores silvae fugiunt.* – ______________________

____

DER OLYMPIASIEGER

4. Die lateinischen Kasus

Kasuslehre: Der Ablativ

Im Ablativ Singular enden die Wörter der Deklinationen, die einen Vokal als Stammauslaut haben, auf eben diesem Vokal, wobei dieser stets lang ist. Dieser Vokal ist es auch, nach dem die jeweilige Deklinationsklasse bezeichnet wird. Die Wörter der o-Deklination enden deshalb auf einem langen ***-o***, die der a-Deklination auf einem langen ***-a***. Die Wörter der konsonantischen Deklination hängen an den Konsonanten, auf dem der Stamm endet, ein kurzes ***-e*** an.

	o-Deklination			*a-Deklination*	*konsonantische Deklination*	
Nom. Sg.	filius	puer	forum	cena	labor	pater
Abl. Sg.	fili-**o**	puer-**o**	for-**o**	cen-**a**	labor-**e**	patr-**e**
Abl. Pl.	fili-**is**	puer-**is**	for-**is**	cen-**is**	labor-**ibus**	patr-**ibus**

Im Plural bilden die o- und a-Deklination den Ablativ auf ***-is***, die konsonantische bildet ihn auf ***-ibus***. Die Formen stimmen immer mit denen des Dativs überein.

1 Bilde zu den folgenden Worten den Ablativ Singular und Plural.

	Ablativ Singular	**Ablativ Plural**
arbor	______________	______________
filia	______________	______________
mater	______________	______________
oraculum	______________	______________
dominus	______________	______________

2 **Hin und Her!** Vertausche den Numerus!

magistro ______________	*templis* ______________
viro ______________	*oratoribus* ______________
victore ______________	*pecuniis* ______________
viis ______________	*equo* ______________

3 Wo sind die Ablative? Unterstreiche bei den folgenden Wörtern alle Ablative.

filio – ego – dominis – legis – laudo – servi – puero – cena – equis – rego – periculis – patribus – matris – villa – incolo – labore – hortis – morbo – impero – fabulis – victoribus – periculo – gallis – doloribus – laboro – amoris – asinis – mortis – cibo – patris – equito – monere – terrore

Der Ablativ ist der große Mischkasus. In ihm sind drei ursprünglich selbstständige Kasus zusammengeflossen. Daraus ergibt sich eine große Bandbreite von Verwendungsmöglichkeiten. In dem, was er alles ausdrücken kann, ist er der Olympiasieger unter den Kasus. Wir wollen uns deshalb auch die fünf olympischen Ringe zu Hilfe nehmen, um die vielfältigen Bedeutungsbereiche des Ablativs in überschaubare Gruppen aufzuteilen. Mit den folgenden Fragen müsstest du das, was jeweils ausgedrückt werden soll, immer schnell entschlüsseln können.

Diese Fragen weisen jeweils auf einen bestimmten **Bedeutungsbereich** des Ablativs hin:

womit? wodurch?	Mittel oder Werkzeug	(lat.: instrumentalis)
woher? wovon?	Trennung/Ausgangspunkt/Herkunft	(lat.: separativus)
wie?	Art und Weise	(lat.: modalis)
wo?	Ort	(lat.: locativus)
wann?	Zeitpunkt	(lat.: temporalis)
mit wem?	Begleitung	(lat.: sociativus)

Häufig wird der Ablativ auch mit **Präpositionen** verbunden; die wichtigsten sind:

cum	mit	**sine**	ohne	**in**	in (wo?)
ex	aus	**de**	von ... herab, über	**sub**	unter (wo?)

Kein anderer Kasus kann so viel ausdrücken wie der Ablativ. Als **Satzglied** jedoch erfüllt er in der Regel immer dieselbe Aufgabe: Es liegt jedes Mal eine **adverbiale Bestimmung** vor.

4 Versuche nun mit Hilfe der Fragen und der Bedeutung der Präpositionen die folgenden Sätze vom Leben in einer *villa rustica* zu übersetzen. Gib jedes Mal an, was der Ablativ in den einzelnen Sätzen ausdrückt (= Bedeutungsbereich)!

1. Liberi et servi hora prima surgunt.
2. Lucius Marcusque cum amicis ad scholam in vico vicino festinant.
3. Marcus magno cum labore verba Graeca discit.
4. Servi in agro laborant.
5. Nonnulli servi equos in campo custodiunt.
6. Equi magna cum celeritate currunt.
7. Subito lupus in campo est.
8. Servi hastis longis lupum arcent.
9. Tum equos e compo in stabulum ducunt.
10. Post scholam liberi domum migrant.
11. Liberi sub arbore magna considunt.
12. Marcus in arbore sedet.

5 Wenn du diese Sätze alle fehlerfrei geschafft hast, kannst du versuchen die folgenden Wörter und Wortverbindungen im Ablativ in die darunter stehenden Sätze einzubauen. Übersetze dann die vollständigen Sätze.

octava hora – magna cum diligentia – dono – gladiis – pecunia – incendio

Alii Gladiatores alios ______________________ necant.

____

Amicus amicum ______________________ delectat.

____

Servi iterum iterumque dominum ______________________ spoliabant.

____

Vilicus villam ______________________ curat.

____

Interdum viri scelesti aedificia ______________________ delebant.

____

Rufus ______________________ redit.

____

6 Sicherlich erinnerst du dich noch an unseren mutigen kleinen Germanen Denkmaal(us). Auch an dieser Stelle möchte er deine Kenntnisse der Präpositionen noch einmal testen. Ordne jeweils einen Satz den darunter stehenden Zeichnungen zu und nummeriere die Bilder entsprechend.

1. *Denkmaalus in silva est.* – ______________________________

2. *Ibi cum amicis Romanos exspectat.* – ______________________________

3. *Subito nonnulli Romani sine centurione silvam intrant.* – ______________________________

____

4. *Romani sub arboribus densis stant et disputant.* – ______________________________

____

5. *Denkmaalus et amici de arboribus desiliunt et Romanos opprimunt.* – ______________________________

____

6. *Romani e silva fugiunt.* – ______________________________

Kasuslehre: Der Vokativ

Die lateinische Sprache verfügt mit dem Vokativ über einen eigenen Kasus, um jemanden anzureden. Die Formen des Vokativs sind größtenteils baugleich mit denen des Nominativs. Eine Ausnahme bilden die Substantive der o-Deklination auf ***-us***, die im Vokativ in der Regel auf ***-e*** enden (Beispiel: Marcus → Marce), mitunter auch auf ***-i***, wenn der Stamm verkürzt wird (Beispiel: Lucius → Luci). Das ergibt für die verschiedenen Deklinationsklassen folgende Formen:

	o-Deklination				***a-Deklination***	
Nom. Sg.	dominus	filius	puer	forum	Iulia	poeta
Vokativ Sg.	domine	fili	puer	forum	Iulia	poeta
	– Herr!	– Sohn!	– Junge!	– Forum!	– Julia!	– Dichter!
Vokativ Pl.	domini	filii	pueri	fora	---	poetae

konsonantische Deklination	
venator	pater
venator	pater
– Jäger!	– Vater!
venatores	patres

Im Plural entspricht der Vokativ immer dem Nominativ Plural.

Du kannst einen Vokativ im Text leicht aus dem Zusammenhang heraus erkennen, denn er wird immer durch ein Komma oder durch Kommata vom übrigen Satz abgetrennt.
Durch diesen Kasus wird eine besondere Hinwendung zum Gegenüber, sei es durch Anrede, Anruf, Ausruf, sei es durch Wünsche oder Fragen, ausgedrückt.

7 Übersetze folgende Sätze ins Deutsche. Der Onkel ist mit Marcus, Lucius, Rufilla und Cornelia aufs Forum von Pompeji gegangen, das voll von Menschen ist. Plötzlich hat er die Kinder aus den Augen verloren. Er ruft:

„Ubi estis, Marce Lucique? – ______________________________

Cornelia, Rufilla, venite! – ______________________________

Cur non venitis, pueri puellaeque? – ______________________________

____

O forum, cur tam magnum es? – ______________________________

____

Mehercle, cur liberi non veniunt?" – ______________________________

____

EIN WICHTIGER MITSPIELER

5. Das Adjektiv

1 Adjektive können in vielfacher Form in einem Satz auftreten. Sieh dir die folgenden Sätze an und versuche jeweils zu bestimmen, welches Satzglied sie vertreten.

1. Multi amici adsunt.	Viele Freunde sind anwesend.
2. Templa praeclara sunt.	Die Tempel sind hochberühmt.
3. Marcus dominus bonus est.	Marcus ist ein guter Herr.
4. Bonum semper non vincit.	Das Gute siegt nicht immer.

Wie du sicherlich erkannt hast, erscheinen Adjektive im Satz hauptsächlich als **Attribut** (Sätze 1 und 3) und als **Prädikatsnomen** (Satz 2). Daneben kann ein Adjektiv aber auch **substantiviert** werden – d. h., aus dem Adjektiv wird ein Substantiv gemacht (Satz 4: das Gute) – und übernimmt dann als Satzglied dieselben Aufgaben wie ein Substantiv.

2 Die erste Gruppe von Adjektiven, die wir hier behandeln, gehört der o- und a-Deklination an.
Versuche in diesem Sinne die folgenden Tabellen auszufüllen! Solltest du damit Schwierigkeiten haben, sieh dir noch einmal die Tabellen im 3. und 4. Kapitel an!

Nom. Sg.	bonus	bona	bonum
Gen. Sg.			
Dat. Sg.			
Akk. Sg.			
Abl. Sg.			

Nom. Pl.	*boni*		
Gen. Pl.			
Dat. Pl.			
Akk. Pl.			
Abl. Pl.			

Nom. Sg.	pulcher	pulchra	pulchrum
Gen. Sg.			
Dat. Sg.			
Akk. Sg.			
Abl. Sg.			

Nom. Pl.			
Gen. Pl.			
Dat. Pl.			
Akk. Pl.			
Abl. Pl.			

Zwischen dem Adjektiv und seinem Beziehungswort besteht **KNG-Kongruenz**, d. h., die beiden Wörter müssen in **Kasus, Numerus** und **Genus** miteinander übereinstimmen.

3 Partner gesucht! Ergänze jeweils die entsprechende Form von bonus, bona, bonum als Attribut.

puella ______	*facta* ______	*equos* ______
amicam ______	*feminarum* ______	*amico* ______
servae ______	*pueri* ______	*vinorum* ______
*incolae (!)** ______	*agricolis* ______	*patris* ______
matribus ______	*oratori* ______	*victorum* ______
custodem ______	*regum* ______	*imperatores* ______

* Beachte das Genus!

Sollten dir einige Wörter unbekannt sein, so sieh im Wörterverzeichnis deines Lehrbuches nach, damit du die Formen fehlerfrei bilden kannst.

4 Falschspieler raus! Bei den folgenden Verbindungen aus jeweils zwei Wörtern haben sich leider etliche Fehler eingeschlichen. Versuche sie herauszufinden!

amico bono	periculis magnis	puellarum pulchrum
patri boni	agricola bona	matrum bonum
amicae laetae	arbore alto	laboris novis
amorem novam	incolas multas	horti magni

MARKUS WIRD ERSCHRECKT

6. Indikativ Präsens Passiv

Antike „Lego"-Bausteine haben dir im 2. Kapitel geholfen, den Indikativ Präsens Aktiv zu bilden. Auch das Passiv wird nach dem Baukasten-System gebildet. Du musst dir sechs neue Personalmorpheme (= -kennzeichen) merken:

-or -ris -tur -mur -mini -ntur

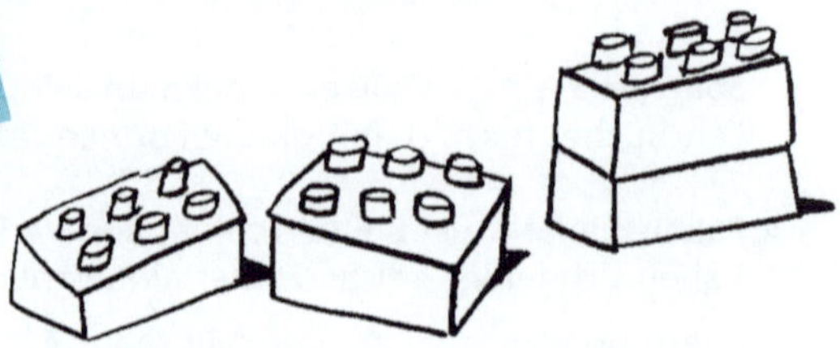

Diese werden an den Stamm der Verben angehängt. Das ergibt für die Verben der **a-** und **e-Konjugation** im Präsens folgende Formenreihen:

laud-or	lauda-ris	lauda-tur	lauda-mur	lauda-mini	lauda-ntur
mone-or	mone-ris	mone-tur	mone-mur	mone-mini	mone-ntur

1 Setze folgende Verbformen in die entsprechende Form des Passivs. Schau genau, um welche Person und welchen Numerus es sich jeweils handelt.

videmus	terreo	docet	curas	praebent
rogatis	dant	excitamus	laudo	moves
occupat	retineo	implent	manetis	dono

Das Passiv stellt – neben dem Aktiv – die zweite Handlungsart des Verbs (Genus verbi) dar. Mit ihr wird ausgedrückt, dass ein Subjekt (Person oder Sache) von der Aussage bzw. Handlung eines Verbs betroffen wird.

Marcus terretur. **Marcus wird erschreckt.**

In unserem Beispielsatz steht Marcus im Mittelpunkt. Er ist derjenige, der von der Handlung des Verbs betroffen wird. (Das Wort Passiv ist vom Verb *pati* abgeleitet und bedeutet „etwas erleiden", „von etwas betroffen werden".)

2 Zerlege die folgenden Passivformen in die Bestandteile **Verbstamm** und **Personalmorphem** und bestimme sie.

excita | ntur	incitaris	visitor	videmini
3. Pers. Pl.	______	______	______
rogor	retinemini	terreris	portamur
______	______	______	______
movemur	impletur		
______	______		

Bestimmt hast du diese Übung ohne große Fehler erledigen können. Gut gemacht!

Leicht wirst du dir auch die Form des **Infinitivs Präsens Passiv** merken können. Er endet an Stelle von ***-re*** auf ***-ri***. Der Infinitiv Präsens Passiv von *laudare* lautet also *laudari* und aus *monere* wird *moneri*.

Doch nun zurück zu unserem Beispielsatz.

Marcus terretur.	**Marcus wird erschreckt.**

Von wem Marcus erschreckt wird, wird in unserem Satz nicht ausgesagt. Der Verursacher ist also anonym, nicht genannt. In einem solchen Fall kannst du den lateinischen Satz im Deutschen auch auf zwei andere Arten wiedergeben:

1. mit dem **unpersönlichen Aktiv** (= man):

Marcus terretur.	**Man erschreckt Marcus.**

2. **reflexiv**, d. h., der Betroffene ist in diesem Falle gleichzeitig auch Urheber des Geschehens:

Marcus terretur.	**Marcus erschreckt sich (erschrickt).**

Wenn der **Urheber**/der **Veranlasser** genannt wird, so wird dieser mit Hilfe der Präposition ***a/ab*** mit nachfolgendem Ablativ in den Satz eingefügt. Nehmen wir einmal an, dass Lucius seinen Freund Marcus erschreckt hat, so lautet der entsprechende Satz:

Marcus a Lucio terretur.	**Marcus wird von Lucius erschreckt.**

Wird dieser Urheber nicht durch eine Person dargestellt, sondern durch eine Sache – in unserem Beispiel könnte sich Marcus ja auch über seinen eigenen Schatten erschrecken –, so erscheint der reine Ablativ. Also:

Marcus umbra terretur.	**Marcus wird von seinem Schatten erschreckt.**

oder reflexiv:

Marcus umbra terretur.	**Marcus erschrickt über seinen Schatten.**

3 Nach so viel Erläuterung versuche nun einmal selbst, die folgenden kleinen Beispielsätze sinnvoll wiederzugeben.

In der Schule

1. *Marcus et Lucius ad scholam migrant.* – ______________________________

2. *Marcus: „Libenter in scholam eo.* – ______________________________

3. *Semper a magistro fabulis novis delectamur."* – ______________________________

____

4. *Lucius respondet: „Tu saepe laudaris, ego a magistro semper vituperor.* – __________

____

5. *Itaque magister a me timetur."* – ______________________________

6. *Subito Marcus et Lucius a magistro vocantur.* – ______________________

____

7. *„Marce, Luci, festinate!* – ______________________

8. *A me monemini, quod tardi estis!"* – ______________________

9. *Lucius: „Nunc et tu a magistro moneris!"* – ______________________

____

Auch die Formen der **i-**, **gemischten** und **konsonantischen Konjugation** folgen mit den dir vom Aktiv her bekannten Besonderheiten (siehe S. 14-15) unserem Baukasten-Prinzip.

i-Konjugation	*gemischte Konjugation*	*konsonantische Konjugation*
audi-or	capi-or	trah-or
audi-ris	cape-ris	trah-e-ris
audi-tur	capi-tur	trah-i-tur
audi-mur	capi-mur	trah-i-mur
audi-mini	capi-mini	trah-i-mini
audi-u-ntur	capi-u-ntur	trah-u-ntur

Die **Infinitive** lauten:

audi-ri	capi	trah-i

4 Bilde zu den folgenden Verbformen des Aktivs jeweils die entsprechende des Passivs.

fugiunt	opprimitis	ducit	contemnimus
________	________	________	________
recipis	pono	fallis	legunt
________	________	________	________
dimittitis	vincio		
________	________		

5 Übersetze zum Abschluss den folgenden kurzen Text.

Marcus ab Lucio amico invitatur. Villae Lucii appropinquat, porta patet, servus apparet et dicit: „Iam diu exspectaris." Tum Lucius et Aemilia amica arcessuntur. Marcus magno cum gaudio salutatur. Lucius: „Valde gaudemus! Tu quidem nos visitas, a te quidem non neglegimur! Parentes nostri enim saepe non nos curant. Pater semper ab amicis avocatur, mater totum diem negotiis occupatur. Itaque tu a nobis semper libenterque exspectaris."

ZEITREISE MIT DEM D-VW

7. Indikativ Imperfekt Aktiv und Passiv

Das lateinische Imperfekt wird ebenfalls nach dem dir schon gut bekannten Baukasten-System zusammengesetzt. Bei der a- und e-Konjugation sieht das folgendermaßen aus:

Präsensstamm des Verbs + **Tempusmorphem des Imperfekts *-ba-*** + **Personalmorphem (*-m, -s, -t, -mus, -tis, -nt*)**

1 Versuche nach diesem Muster die Formen des Indikativs Imperfekt Aktiv für die folgenden Verben zu bilden:

	lauda-re	ama-re	fle-re	mane-re
1. Sg.				
2. Sg.				
3. Sg.				
1. Pl.				
2. Pl.				
3. Pl.				

Eine Sonderstellung nimmt das Hilfsverb ***esse*** ein. Bei ihm erkennst du das Imperfekt an dem Stamm ***era* + Personalmorphem**, also:

era-m era-s era-t era-mus era-tis era-nt

2 Reise in die Vergangenheit und zurück – wechsle die Tempora! Übertrage dafür folgendes Schema in dein Heft.

Präsens	*laboratis*		*docent*		*temptas*
Imperfekt		*eramus*		*habitabatis*	

Präsens		*deleo*		*adsum*	
Imperfekt	*debebatis*		*narrabamus*		*necabant*

Präsens	*pugnat*		*visito*		*cogitatis*
Imperfekt		*solebatis*		*aderas*	

Das lateinische Imperfekt bezeichnet Handlungen der Vergangenheit und wird im Deutschen mit dem Präteritum wiedergegeben. Beispiele: ich ging, er arbeitete, wir riefen

3 Übersetze die Imperfektformen, die du in Übung 2 gebildet hast.

Betrachte nun die folgenden Sätze:

Viri magistrum interrogabant.	**Die Männer befragten den Meister.**
Magister tacebat.	**Der Meister schwieg.**

Auch in diesen Sätzen wird ausgesagt, dass das mitgeteilte Geschehen in der Vergangenheit spielt. Aber das Imperfekt hat noch weitere Aufgaben zu erfüllen. Folgendes kann mit ihm zusätzlich ausgedrückt werden:

1. die **Dauer** von Vorgängen:

Viri magistrum interrogabant.	**Die Männer befragten den Meister *lange*.**
Magister tacebat.	**Der Meister schwieg *lange*.**

2. die **Wiederholung** von Handlungen:

Viri magistrum interrogabant.	**Die Männer befragten den Meister *immer wieder*.**
Magister tacebat.	**Der Meister schwieg *immer wieder*.**

3. der **Versuch**:

Viri magistrum interrogabant.	**Die Männer *versuchten*, den Meister *zu befragen*.**
Magister tacebat.	**Der Meister *versuchte zu schweigen*.**

Du siehst, das lateinische Imperfekt bietet eine große Bandbreite an Ausdrucksmöglichkeiten. Dabei bestimmt immer der **Textzusammenhang**, was tatsächlich ausgesagt werden soll (**Dauer**, **Versuch** oder **Wiederholung**). Du kannst dir die Übersetzungsmöglichkeiten gut mit der Abkürzung **DVW** merken oder auch mit dem irrwitzigen Satz:

Peter *versuchte lange immer wieder* das Pferd zu besteigen!

4 Entscheide dich bei den folgenden Beispielsätzen für eine der Möglichkeiten.

Nach zehn Jahren Belagerung verließen die Griechen endlich den Strand von Troja, ließen nur ein Pferd und einen verschlagenen Mann mit Namen Sinon zurück. Diesen fanden die Trojaner:

Troiani Sinonem interrogabant. – ______________________________

Obwohl Aeneas nach dem Fall von Troja für die verbliebenen Trojaner eine neue Heimat in Italien suchen sollte, hielt er sich schon lange in Carthago bei der Königin Dido auf. Auf Befehl Jupiters sollte er nun endlich weiterfahren, aber:

Dido Aeneam retinebat. – ______________________________

____

Auf der Weiterfahrt gingen Aeneas und seine Begleiter häufig an Land:

Ibi Aeneas et Troiani multa pericula subire debebant. – ______________________________

____

Ganz ähnlich wie bei der a- und e-Konjugation sind die Formen für die Verben der **i-**, **konsonantischen** und **gemischten Konjugation** gebildet. An Stelle des Imperfektmorphems *-ba-* tritt hier ein ***-eba-*** auf.

5 Versuche dich auch hier wieder als Baumeister!

Konj.-Klasse:	**i-** audi-re	**konsonantische** trah-e-re	**gemischte** fug(i)-e-re
1. Sg.			
2. Sg.			
3. Sg.			
1. Pl.			

Konj.-Klasse:	**i-** veni-re	**konsonantische** lud-e-re	**gemischte** cap(i)-e-re
1. Sg.			
2. Sg.			
3. Sg.			
1. Pl.			
2. Pl.			
3. Pl.			

6 Bilde aus den folgenden Teilen möglichst viele Verbformen und übersetze sie. 12 solltest du auf jeden Fall finden.

curr		m
aber	---	s
audi	-eba-	t
para	-ba-	mus
debe	-a-	tis
capi		nt

Die Formen des **Imperfekts Passiv** sind nach dem bekannten Baukastensystem ebenfalls ganz einfach zusammengesetzt:

a-Konjugation	*e-Konjugation*	*i-Konjugation*	*kons. Konj.*	*gemischte Konj.*
lauda-ba-**r**	mone-ba-**r**	audi-eba-**r**	fall-eba-**r**	capi-eba-**r**
lauda-ba-**ris**	mone-ba-**ris**	audi-eba-**ris**	fall-eba-**ris**	capi-eba-**ris**
lauda-ba-**tur**	mone-ba-**tur**	audi-eba-**tur**	fall-eba-**tur**	capi-eba-**tur**
lauda-ba-**mur**	mone-ba-**mur**	audi-eba-**mur**	fall-eba-**mur**	capi-eba-**mur**
lauda-ba-**mini**	mone-ba-**mini**	audi-eba-**mini**	fall-eba-**mini**	capi-eba-**mini**
lauda-ba-**ntur**	mone-ba-**ntur**	audi-eba-**ntur**	fall-eba-**ntur**	capi-eba-**ntur**

Natürlich kann das Imperfekt im Passiv auch dasselbe aussagen (Dauer, Versuch, Wiederholung) wie im Aktiv.
Damit stehen dir für die Zeitreise in das Imperfekt zwei Raketen zur Verfügung:

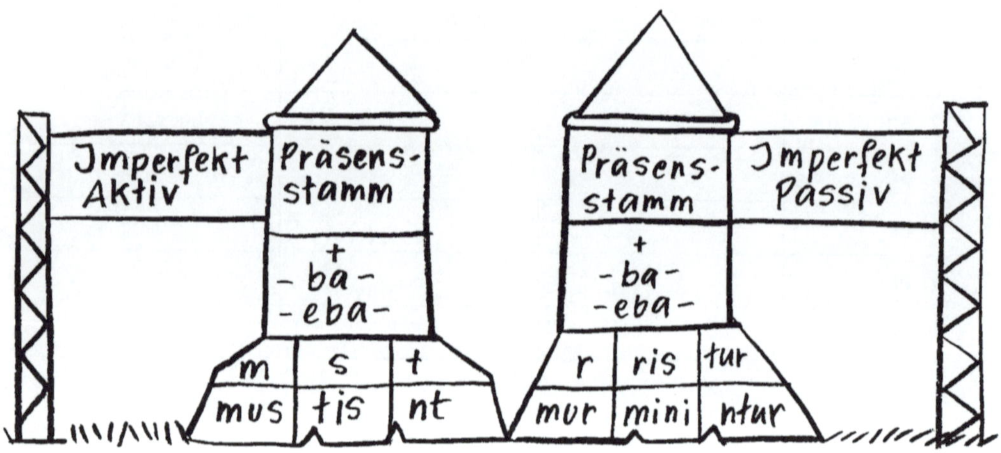

7 Übersetze den folgenden Text und versuche das Imperfekt so wiederzugeben, dass deutlich wird, was jeweils gemeint ist! **(DVW!)**

Aeneas narrat: „Terra nova, quae nobis a Iove promittebatur, a me multis locis quaerebatur. Pericula multa a nobis sucipiebantur. Multae naves delebantur et multi socii in itineribus interficiebantur. Iterum iterumque Juno nos a patria nova retinebat. Tandem in Italia multa post proelia consedimus."

Wichtig ist, dass du nach der Behandlung des Perfekts (im folgenden Kapitel) dort die Abschlussbemerkung genau beachtest!

REISE IN DIE VERGANGENHEIT

8. Indikativ Perfekt Aktiv und Passiv

Neben dem Imperfekt ist das Perfekt eine andere wichtige Vergangenheitsform. Während im Deutschen die Formen des Indikativs Perfekt Aktiv mit einem Hilfszeitwort und dem Partizip Perfekt Passiv gebildet werden (z. B. ich habe gelernt), gibt es im Lateinischen für diese Aussageform nur Einwortformen. Dafür bedient sich der Römer wieder seines Baukastensystems. Die Personalmorpheme (= -kennzeichen) für den Indikativ Perfekt Aktiv lauten:

-i -isti -it -imus -istis -erunt

Diese Endungen werden an den **Perfekt-Aktiv-Stamm** angehängt. Doch: Wie sieht dieser Perfektstamm aus? Die meisten Verben der a-Konjugation und i-Konjugation hängen an den Präsens-Aktivstamm ein ***-v-*** an und schließen dann die Personalmorpheme an. Deshalb nennt man diese Art der Perfektbildung auch **v-Perfekt**. Entsprechend lauten die Formen des Indikativs Perfekt Aktiv von *laudare* und *audire*:

lauda-v-i	lauda-v-isti	lauda-v-it	lauda-v-imus	lauda-v-istis	lauda-v-erunt
audi-v-i	audi-v-isti	audi-v-it	audi-v-imus	audi-v-istis	audi-v-erunt

Bei den Verben der **e-Konjugation** wird der Perfektstamm dagegen oft mit Hilfe eines ***-u-*** gebildet. Dazu nimmt man den Wortstock des Präsensstammes (z. B.: *monere* → *mon-*), fügt das *-u-* ein und hängt dann die Personalmorpheme an. Das ergibt:

mon-u-i mon-u-isti mon-u-it mon-u-imus mon-u-istis mon-u-erunt

Und was geschieht mit den Formen von ***esse*** im Perfekt? Sie bilden ihre Formen mit dem Stamm ***fu-*** und hängen an diesen die schon bekannten Personalmorpheme an:

fu-i fu-isti fu-it fu-imus fu-istis fu-erunt

Der **Infinitiv Perfekt Aktiv** wird mit dem Morphem ***-isse*** gebildet. Für die oben verwendeten Verben ergibt das folgende Infinitive:

laudavisse audivisse monuisse fuisse

So, jetzt bist du dran!

1 Ab geht es in die Vergangenheit! Bilde zu den folgenden Präsensformen jeweils die entsprechende Perfektform und zerlege diese dann in Perfekt-Aktiv-Stamm und Personalendung.

voco	*estis*
desum	*terremus*
oboediunt	*dormio*
timent	*adsunt*
imperant	*invitatis*
intras	*sepelis*

Für die übrigen Konjugationsklassen gibt es keine festen Regeln bei der Perfektbildung. **Bei ihnen musst du die Formen für jedes Verb gesondert lernen!**
Man unterscheidet das **s-Perfekt** (z. B. *dicere* → [statt dic-s-i] *dixi*), das **Reduplikationsperfekt** (oft mit gleichzeitiger Änderung des Stammvokals; z. B.: *dare* → *dedi*), das **Ablaut-Perfekt** (z. B. *facere* → *feci*), das **Dehnungsperfekt** (z. B.: *legere* → *legi*) und das **Stammperfekt** (d. h., der Perfektstamm ist gleich dem Präsensstamm; z. B.: *defendere* → *defendi*)

2 Zurück in die Gegenwart! Bilde zu den folgenden Perfektformen jeweils die entsprechende Präsensform.

venisti	quaesivimus
fecit	fefellimus
cucurri	dixit
vidi	dederunt
cecinit	scripsisti
deleverunt	cepi

3 Wer hier stört, fliegt raus! Welche Form passt jeweils nicht in die Vierergruppe? Begründe deine Entscheidung!

audivimus – habuimus – ducimus – fuimus
vidi – servi – tacui – cecini
fecit – intravit – duxit – capit
audimus – monuimus – defendimus – misimus

Damit hast du schon viel über die Formen gelernt, aber wie werden diese im Textzusammenhang **übersetzt**? Sieh dir die folgenden Sätze an. In jedem Satz steht das Prädikat im Perfekt und doch werden die Formen unterschiedlich übersetzt!

Graeci viros in equo ligneo occulta**verunt**.	Die Griechen **versteckten** Männer in dem hölzernen Pferd.
„Dolum callidum inveni**sti**", duces Graecorum Ulixem lauda**verunt**.	**„Du hast** eine schlaue List **erfunden**", **lobten** die Führer der Griechen Odysseus.

Im Lateinischen steht das **historische (narrative/erzählende) Perfekt**, wenn ein Erzähler Ereignisse und Handlungen schildert, die sich in der Vergangenheit abspielten **und** abgeschlossen sind. Das historische Perfekt wird im Deutschen mit dem Präteritum wiedergegeben. In unseren Beispielsätzen findest du diese Verwendung des Perfekts bei *occultaverunt* und *laudaverunt*. Es handelt sich um Prädikate von erzählenden Sätzen, also werden sie mit dem Präteritum übersetzt.
Eine andere Bedeutung des Perfekts liegt dagegen bei der Form *invenisti* vor. Hier wird eine Handlung oder ein Ereignis der Vergangenheit gekennzeichnet, deren Ergebnisse (Resultate) bis in die Gegenwart hineinreichen (= **resultatives Perfekt**) oder über die ein Urteil abgegeben wird (= **konstatierendes Perfekt**). In diesen beiden Fällen wird das lateinische Perfekt auch im Deutschen mit dem Perfekt wiedergegeben. Dieser Fall liegt bei *invenisti* vor: Odysseus' Plan wird von den Führern der Griechen als schlau beurteilt.

4 Übersetze den folgenden Text. Sollten dir Vokabeln unbekannt sein, kannst du sie im Vokabelverzeichnis deines Lehrbuches nachschlagen.

Marcus de Sicilia narrat.

Post ferias magister interrogavit: „Ubi fuisti feriis, Marce?“ Marcus: „Cum avunculo in Sicilia fui.“ Statim Marcus ad tabulam properavit, Siciliam monstravit, ceteris pueris puellisque narravit: „Antiquis temporibus Graeci incolas Siciliae superaverunt et pepulerunt, magna aedificia et templa pulchra aedificaverunt, statuas deorum dearumque collocaverunt. Nomina deorum dearumque in tabulis leguntur. Tum in foris oppidorum multi poetae carmina recitaverunt. In carminibus res gestas virorum proborum celebraverunt. Multa his feriis in Sicilia cum avunculo spectavi, cetera alio tempore spectare cupio.“

Der **Indikativ Perfekt Passiv** wird mit Hilfe des **Partizips Perfekt Passiv** und einer **Form von *esse*** gebildet. Die Formen des Partizips Perfekt Passiv werden nicht bei allen Verben nach dem gleichen Bauschema gebildet, sodass du dir – genau wie im Englischen beim *Past Participle* (d. h. der dritten Stammform eines englischen Verbs) – die Mühe machen musst, die Stammformen der Verben zu lernen.

Das Partizip wird der behandelten Person angepasst. (KNG-Kongruenz beachten!) Die Formen für den Indikativ Perfekt Passiv von *laudare* lauten, sofern es sich bei dem, der gelobt worden ist, um einen oder mehrere Jungen handelt, wie folgt:

Sg.	laudat**us** sum	laudat**us** es	laudat**us** est
Pl.	laudat**i** sumus	laudat**i** estis	laudat**i** sunt

Wenn ein oder mehrere Mädchen gelobt worden sind, sieht die Formenreihe so aus:

Sg.	laudat**a** sum	laudat**a** es	laudat**a** est
Pl.	laudat**ae** sumus	laudat**ae** estis	laudat**ae** sunt

5 Nenne den Ausgangspunkt der Reise! Bilde zu den folgenden Formen des Perfekts Passiv die jeweils entsprechende Form des Perfekts *Aktiv* und nenne den **Infinitiv Präsens**!

Perfekt Passiv	**Perfekt Aktiv**	**Infinitiv Präsens**
vocati sunt		
excitati sumus		
apertae sunt		
ducta sunt		
territa es		
invitatae estis		
dictum est		
spoliatus sum		
monstratum est		
missus sum		

Der **Infinitiv Perfekt Passiv** wird mit dem **Partizip Perfekt Passiv + *esse*** gebildet. Auch hier gilt das Prinzip der KNG-Kongruenz. Für die oben gewählten Beispielverben ergibt das die Infinitive:

laudatum esse   auditum esse   monitum esse

6 Übersetze den folgenden Text.

Iam audivistis Troiam a Graecis post multos annos captam esse. Tum Ulixes, callidus dux Graecorum, a deis diu in mari agitatus est. Ventis adversis a Troia ad insulam Polyphemi, filii Neptuni dei, appulsus est. Multi socii Ulixis a Polyphemo devorati sunt. Denique Ulixes consilium callidum cepit et Polyphemum caecavit. Tum Polyphemus iratus clamavit: „A quo caecatus sum?“ Et Ulixes respondit: „A nullo!“ Nam Ulixes Polyphemo dixerat se „neminem“ nominatum esse. Denique Ulixes et socii ab ovibus e specu Polyphemi portati sunt.

> **Merke:** Häufig findest du in lateinischen Texten einen Wechsel zwischen Formen des Perfekts und Formen des Imperfekts. Der Römer verwendet das Perfekt, wenn er die Handlung weiterführen will, wenn er angeben will, dass etwas Neues eintritt. Im Perfekt werden die wesentlichen Ereignisse der Haupthandlung berichtet.
> Dagegen wird im Imperfekt vor allem der Hintergrund des Geschehens geschildert.

AB IN DIE ZUKUNFT

9. Indikativ Futur I Aktiv und Passiv

Mit unserer nächsten Rakete starten wir in die Zukunft. Du brauchst nur die richtigen Schaltstufen – und los geht's!
Für die Bildung der Formen des Futurs gibt es einen kleinen Merkspruch, mit dem du dir das, was für dieses Tempus charakteristisch ist – natürlich gilt auch hier das Baukastenprinzip –, leicht merken kannst; er lautet:

a- und e- mit *-b-*,
sonst mit *-a-* und *-e-*.

Schau zunächst nur die erste Zeile des Merkspruchs an. Sie besagt, dass die a- und e-Konjugation das Futur mit dem Tempuskennzeichen ***-b-*** bilden. Zusätzlich geschieht das auch bei dem Verb *ire*, das du dir also gesondert merken musst. Hinter dem ***-b-*** als Tempusmorphem (= -kennzeichen) erscheint bei den Formen, deren Personalendung mit einem Konsonanten beginnt – und das sind alle außer der 1. Pers. Singular -, ein Binde- oder Aussprechvokal. Dieser heißt im Aktiv überall ***-i-***, nur in der 3. Pers. Plural ***-u-***.
Für die Verben *laudare*, *monere* und *ire* ergeben sich also folgende Formenreihen:

lauda-b-**o**	lauda-b-i-s	lauda-b-i-t	lauda-b-i-mus	lauda-b-i-tis	lauda-b-**u**-nt
mone-b-**o**	mone-b-i-s	mone-b-i-t	mone-b-i-mus	mone-b-i-tis	mone-b-**u**-nt
i-b-**o**	i-b-i-s	i-b-i-t	i-b-i-mus	i-b-i-tis	i-b-**u**-nt

Das Hilfsverb ***esse*** bildet das Futur nur mit dem Bindevokal ***-i-*** bzw. ***-u-***:

er-o	er-i-s	er-i-t	er-i-mus	er-i-tis	er-**u**-nt

1 Eindringlinge gesucht! Welche Verbform passt nicht in die Reihe? Warum nicht?

manebit – cogitabit – visitabat – delebit

eris – eras – eramus – eratis

temptabimus – portabimus – placebimus – interrogabimus

ignorabunt – navigabant – probabunt – studebunt

2 Ab in die Zukunft! Bestimme Person und Numerus dieser Verbformen im Präsens und bilde dann die entsprechende Form im Futur.

manes	laboro	absunt	donas
terretis	movemus	potest	cogitamus
adsum	tolerant	adimus	it

Das Futur bezeichnet Vorgänge (Handlungen oder Ereignisse), die sich in der Zukunft abspielen oder fortdauern, und es wird auch im Deutschen mit dem Tempus Futur wiedergegeben.

Romam visitabimus.	Wir werden Rom besuchen.
Victor ero.	Ich werde Sieger sein.

Ist jedoch im lateinischen Satz zum Futur eine Zeitangabe – z. B. durch Adverbien wie *cras* (= morgen) oder *mox* (= bald) – hinzugefügt, dann wird im Deutschen zumeist das Tempus Präsens gewählt. Also:

Mox Romam visitabimus.	Bald besuchen wir Rom. (Du kannst auch sagen: Bald werden wir Rom besuchen.)
Cras victor ero.	Morgen bin ich Sieger. (Oder: Morgen werde ich Sieger sein.)

3 Versuche nun die folgenden Sätze zu übersetzen.

Anchises klärt Aeneas in der Unterwelt über die Zukunft auf:

„Tibi duces Romanorum monstrabo. – __________

Tibi uxor Lavinia erit. – __________

Iulus, filius tuus, Albam Longam urbem aedificabit. – __________

Posteri tui gloriam nominis tui augebunt." – __________

Urbes magnae ab iis aedificabuntur et expugnabuntur. – __________

Im letzten Satz ist die 3. Pers. Plural Indikativ Futur **Passiv** von Verben der a-Konjugation verwendet. Wie diese zeigen auch die übrigen Formen des Futurs Passiv der a- und e-Konjugation keine Besonderheiten, nur in der 2. Pers. Singular erscheint (vor *r*) der Bindevokal ***-e-*** statt *-i-*.

Es ergeben sich also von *laudare* und *monere* folgende Formenreihen:

lauda-b-or	lauda-**b-e**-ris	lauda-b-i-tur	auda-b-i-mur	lauda-b-i-mini	lauda-b-u-ntur
mone-b-or	mone-**b-e**-ris	mone-b-i-tur	mone-b-i-mur	mone-b-i-mini	mone-b-u-ntur

4 Bilde jeweils die entsprechende Passivform.

interrogamus	nuntiat	vides	necant
________	________	________	________
visitabatis	terrebamus	exspectabat	visito
________	________	________	________
superatis	timebam	apportant	spolias
________	________	________	________

Schau dir nun die zweite Zeile unseres Merkspruchs an. Er sagt aus, dass **sonst** (d. h. bei der **i-**, **konsonantischen** und **gemischten Konjugation**) die Formen des Futurs mit ***-a-*** (in der 1. Pers. Singular) und ***-e-*** (in allen anderen Personen) gebildet werden.

Das ergibt für *audire*, *tradere* und *capere* folgende Formenreihen:

audi-**a**-m	audi-e-s	audi-e-t	audi-e-mus	audi-e-tis	audi-e-nt
trah-**a**-m	trah-e-s	trah-e-t	trah-e-mus	trah-e-tis	trah-e-nt
capi-**a**-m	capi-e-s	capi-e-t	capi-e-mus	capi-e-tis	capi-e-nt

Im **Passiv** lauten die Formen:

audi-**a**-r	audi-e-ris	audi-e-tur	audi-e-mur	audi-e-mini	audi-e-ntur
trah-**a**-r	trah-e-ris	trah-e-tur	trah-e-mur	trah-e-mini	trah-e-ntur
capi-**a**-r	capi-e-ris	capi-e-tur	capi-e-mur	capi-e-mini	capi-e-ntur

5 **Wer hat hier nichts suchen?** In jede Reihe hat sich eine Form eingeschlichen, die nicht hineinpasst. Welche ist es? Begründe jeweils deine Entscheidung!

praebes – duces- tenes – pares

veniet – audiet – fugiet – aperit

agemus – trahemus – iubemus – mittemus

agam – serviam – ducam – eram

duces – reges – cades – sedes

duceris – regeris – moneris – ageris

portaberis – haberis – eris – laudaberis

ducunt – erunt – trahunt – sunt

6 Setze jeweils in die entsprechende Futurform.

agimus	custodiris	curris	fugiunt
______	______	______	______
faciebas	ducebamini	geris	mittor
______	______	______	______
venitis	premebam	ponunt	muniebatur
______	______	______	______

7 Sieh dir die folgende Tabelle an und versuche die Lücken zu schließen, indem du auf der waagerechten Ebene die Person und auf der senkrechten Ebene das Tempus beibehältst!

		munies	
			toleraverunt
sum			
	monebat		

8 Wenn du diese Formen alle richtig ergänzt hast, hast du schon viel gelernt und wir können wieder zu Aeneas und seiner Prophezeiung in der Unterwelt zurückkehren. Übersetze die folgenden Sätze:

„Tu Lavinium urbem condes et prognati tui Romam condent. – ______________________

Romani multos populos sub imperio suo cogent. – ______________________

Sed vos subiectis parcetis et superbos debellabitis. – ______________________

Sic Roma caput mundi erit." – ______________________

DER SIEG IST UNSER!

10. Imperativ

Der Imperativ stellt nach dem Indikativ, mit dem Sachverhalte aus dem Bereich der Wirklichkeit angesprochen werden, eine zweite Aussagemöglichkeit (= Modus) von Verben dar. Mit seiner Hilfe werden **Aufforderungen** und **Befehle** ausgedrückt.
Der **Singular** des Imperativs besteht bei der a-, e- und i-Konjugation aus dem bloßen Verbstamm, bei der konsonantischen Konjugation wird an den Stamm ein ***-e*** angehängt. Dieses ***-e*** erscheint auch bei der gemischten Konjugation und es verdrängt dabei den Erweiterungsvokal ***-i***.
Im **Plural** tritt überall die Endung ***-te*** an den Stamm, wobei bei der **gemischten Konjugation** jetzt wieder der um ***-i-*** erweiterte Stamm auftritt und bei der **konsonantischen Konjugation** der übliche Bindevokal ***-i-*** zwischen Stamm und konsonantischer Endung erscheint.

a-Konjugation	*e-Konjugation*	*i-Konj.*	*gemischte K.*	*konson. K.*	*esse*
labora!	mone!	audi!	cape!	rege!	es!
laborate!	monete!	audite!	capite!	regite!	este!

Merke: In lateinischen Texten steht wie im Deutschen beim Imperativ häufig das **Ausrufezeichen**!

Verneint wird der Imperativ mit Hilfe von ***noli*** und ***nolite*** + **Infinitiv**.

1 Versuche nun den folgenden Text zu übersetzen.

C. Julius Caesar, der große römische Feldherr, versucht erneut seine hervorragenden Soldaten zu einem Kampf gegen das kleine Dorf in der Nordwestecke Galliens anzuspornen.

Caesar dicit: „Audite me, milites, et attenti este! Bono animo este, nam nos hodie vincemus! Credite mihi: victoria nobis erit! Nolite desperare! Nondum superati sumus! Implorate deos pro victoria! Nunc pugnate! Vincite!"

OPTIMALER EINSATZ

11. Das Adverb

Das Adverb gehört immer zu einem Verb (daher auch sein Name: *ad verbum* – zum Verb gehörig) und bestimmt dessen Handeln näher. Es gibt Auskunft auf die Frage: „Auf welche Weise? Wie?". Das Adverb kann nicht verändert werden, es ist unflektierbar.
Während du im Deutschen zwischen einem Adjektiv und einem Adverb als Ergänzungen bzw. Erweiterungen zu einem Prädikat formal keinen Unterschied feststellen kannst, ist das im Lateinischen anders: Hier kannst du die Adjektive und Adverbien an ihrer Endung unterscheiden!

Adverb	**Adjektiv**
Der Junge lernt **fleißig**.	Der Junge ist **fleißig**.
Puer **strenue** discit.	Puer **strenuus** est.

Die Endung für Adverbien, die sich von einem Adjektiv der **a-/o-Deklination** ableiten, lautet zumeist **-e**. Ausnahmen sind z. B.: *bonus* wird zu *bene*, *falsus* zu *falso*, *rarus* zu *raro*.

1 Wie lauten die Adverbien von folgenden Adjektiven?

acerbus __________	certus __________	egregius __________	divinus __________
fidus __________	horridus __________	iniquus __________	iustus __________
malus __________	optimus __________		

2 Setze in den folgenden Sätzen jeweils die richtige Form (Adjektiv oder Adverb) ein und übersetze die Sätze dann.

1. *Troiani equo ligneo* ______ (timidus) *appropinquant.*

______

2. *Tum prope equum virum* ______ (timidus) *vident.*

______

3. *Vir Graecus Troianis responsa* ______ (cautus) *dat.*

______

4. *Troiani equum ligneum in oppidum* ______ (cautus) *trahunt.*

______

5. *Equus ligneus medio in foro* ______ (optimus) *cerni potest.*

______

6. *Graeci oppidum* ______ (bonus) *munitum* (= befestigt) *capiunt, Ulixes dicit:*

______

______

7. *„Ego virum* ______ (optimus) *in litore reliqui."*

______

DIESE VERFLIXTEN KLEINEN WÖRTER

12. Die Pronomina

Die Interrogativpronomina

Wer kennt sie nicht? Welcher Schüler, welche Schülerin liebt sie nicht, diese Interrogativpronomina? – Denn: Es gibt nur wenige, die man sich merken muss. Du musst zudem nur zwei Besonderheiten beachten:
Es gibt **substantivische** und **adjektivische Interrogativpronomina**. Worin unterscheiden sie sich? Ganz einfach: Sieh dir die Eingangsfragen dieses Kapitels an! Dort findest du zwei Fragepronomina, die unterstrichen sind. Während beim ersten Satz das Pronomen „wer" allein steht, gewissermaßen die Position eines Substantivs einnimmt, wird im zweiten Satz das Pronomen „welcher" wie ein Adjektiv (in KNG-Kongruenz) vor das Substantiv „Schüler" gesetzt. Diese Unterscheidung gibt es auch im Lateinischen:

„Quem timetis?" – „Deum." „Wen fürchtet ihr?" – „Gott."

In diesem Falle steht das Interrogativpronomen allein und wird **substantivisch** gebraucht.

„Quem deum timetis?" – „Unum et magnum deum!" „Welchen Gott fürchtet ihr?" – „Den einen, großen Gott!"

Hier wird durch das Fragepronomen nach einer genaueren Bestimmung Gottes gefragt, die durch die Adjektive *unum et magnum* gegeben wird; das Fragepronomen ist also **adjektivisch** gebraucht.

Wie sehen diese Pronomina nun in der vollständigen Übersicht aus?

substantivisch		***adjektivisch*** (= Formen wie die Relativpronomina)					
quis	quid	qui	quae	quod	qui	quae	quae
cuius			cuius		quorum	quarum	quorum
cui			cui			quibus	
quem	quid	quem	quam	quod	quos	quas	quae
quo		quo	qua	quo		quibus	

Sicherlich hast du sofort gesehen, dass einige Formen *(cuius, cui, quem, quo)* sowohl als substantivisches wie auch als adjektivisches Fragepronomen auftreten können. Wie kann man denn nun unterscheiden, was vorliegt, zumal es sich bei vielen der Formen ja auch noch um das Relativpronomen handeln könnte? Ganz einfach: Du musst dir den Satz und den **Textzusammenhang** anschauen!

Cuius viri pietatem Vergilius poeta canit?

Hier erkennst du an dem Fragezeichen, dass es sich bei *cuius* um ein Fragepronomen handelt. Sofern du nun die einzelnen Satzglieder richtig analysierst, (wer tut was? → der Dichter Vergil besingt die Frömmigkeit/das Pflichtgefühl) wirst du feststellen, dass *cuius* in **KNG-Kongruenz** zu *viri* steht und daher nur ein adjektivisches Fragepronomen sein kann, also:
Wessen Mannes Frömmigkeit (Pflichtgefühl) besingt der Dichter Vergil?

Cuius donum Troiani in oppidum trahunt?

Ohne große Schwierigkeit siehst du auch hier an dem Fragezeichen sofort, dass *cuius* Fragepronomen ist. Allerdings ist es jetzt im Genitiv an *donum* angehängt. Es besteht **keine KNG-Kongruenz**, also ist es als substantivisches Fragepronomen gebraucht. Als Übersetzung ergibt sich somit:
Wessen Geschenk ziehen die Trojaner in ihre Stadt?

1 Genauso wie die Beispielsätze es für den Genitiv aufgezeigt haben, musst du bei den anderen doppeldeutigen Formen des Fragepronomens vorgehen. Versuche es nun einmal allein!

Cui Troiani in litore fidem habent?

Cui deo Aeneas imprimis fidem habet?

Quem fabulam Aeneas Didoni narrat?

Quem Aeneas in Italia in matrimonium ducit?

A quo equus ligneus aedificatur?

A quo Graeco Troiani decipiuntur?

Das Relativpronomen

1. Der Hirte, der Romulus und Remus bei einer Wölfin fand, hieß Faustulus.
2. Der Hirte, dessen Frau von dem „Fund" ihres Mannes sehr überrascht war, wohnte in einer kleinen Hütte.
3. Die Jungen, denen die ganze Zuneigung des Hirten und seiner Frau galt, waren später die Gründer Roms.
4. Die Wölfin, die Romulus und Remus aufnahm, ist heute das Wahrzeichen Roms.

2 Schau dir die oben stehenden deutschen Beispielsätze genau an! Unterstreiche jeweils das Relativpronomen und sein Beziehungswort! Worin besteht Übereinstimmung zwischen diesen beiden?

Bestimmt hast du festgestellt, dass zwischen dem Relativpronomen und seinem Beziehungswort nur eine Übereinstimmung im **Numerus** und **Genus**, d.h. **NG-Kongruenz**, nicht aber auch eine Übereinstimmung im Kasus vorliegen muss. Genauso verhält es sich auch im Lateinischen.
Sehen wir uns zunächst die Formen des Relativpronomens an:

Singular			***Plural***		
qui	quae	quod	qui	quae	quae
	cuius		quorum	quarum	quorum
	cui			quibus	
quem	quam	quod	quos	quas	quae
quo	qua	quo		quibus	

3 Übersetze die folgenden Sätze aus dem Schulalltag.

1. *Magister: „Recita fabulam, quam vobis narravi!"*
2. *Puella: „Fabulam ignoro, sed pulchra carmina cantare possum, quae tu nos docuisti!"*
3. *Magister: „Nunc monstrate litteras, quae in tabulis vestris sunt."*
4. *Pueri puellaeque parent, nam virgam timent, qua ludi magister liberos verberat.*
5. *Nonnumquam magister crustula apportat, quibus sedulos liberos delectat.*

4 Setze nun das passende Relativpronomen ein (beachte dabei die NG-Kongruenz!) und übersetze dann die Sätze.

1. *Vir, ______________ Romulum et Remum invenit, Faustulus nominabatur.*

____

2. *Lupa, a ______________ Romulus et Remus nutriebantur, in silvam fugit.*

____

3. *Faustulus Romulum et Remum ad casam, ______________ cum Faustina habitabat, portavit.*

____

____

4. *Faustina, ______________ cura magna erat, pueros educavit.*

____

5. *Faustulus pastores, ______________ eum visitaverunt, de Romulo et Remo fratribus narravit.*

____

____

DIESER SOLL ES SEIN

13. Noch mehr Pronomina

Die Demonstrativpronomina

Demonstrativpronomina sind hinweisende Fürwörter (du kennst ja schon das Verb *demonstrare* – zeigen), die wir insgesamt in **drei Gruppen** unterteilen. Sieh dir zunächst die Formen der **ersten Gruppe** an, zu der drei Einzelpronomina gehören. Die Endungen dürften dir keine Überraschungen bieten, denn die meisten von ihnen kennst du schon vom Relativpronomen.

Singular			***Plural***		
hic	haec	hoc	hi	hae	haec
	huius		horum	harum	horum
	huic			his	
hunc	hanc	hoc	hos	has	haec
hoc	hac	hoc		his	
iste	ista	istud	isti	istae	ista
	istius		istorum	istarum	istorum
	isti			istis	
istum	istam	istud	istos	istas	ista
isto	ista	isto		istis	
ille	illa	illud	illi	illae	illa
	illius		illorum	illarum	illorum
	illi			illis	
illum	illam	illud	illos	illas	illa
illo	illa	illo		illis	

Was diese Pronomina der ersten Gruppe ausdrücken, kannst du dir am besten mit Hilfe dieser Zeichnung merken.

Hic est filius meus.	Dies ist mein Sohn.
Iste est filius mei amici.	Dies(er da) ist der Sohn meines Freundes.
Illum puerum ignosco.	Jenen Jungen (dort) kenne ich nicht.

Wenn du dir anschaust, wohin der Vater jeweils zeigt, wird dir die unterschiedliche Bedeutung der drei Demonstrativpronomina ***hic*, *haec*, *hoc*, *iste*, *ista*, *istud*** und ***ille*, *illa*, *illud*** schnell deutlich!

Hic*, *haec*, *hoc bedeutet **„dieser, diese, dieses"** und bezeichnet immer das dem Sprecher örtlich und zeitlich Nächstliegende.

Quando hanc epistulam leges?	Wann wirst du diesen Brief lesen?
Hic princeps Augustus nominatur.	Dieser Kaiser heißt Augustus.
Hic est Augustus.	Dies(er) ist Augustus.

Iste*, *ista*, *istud bedeutet ebenfalls **„dieser, diese, dieses"**, jedoch zumeist mit dem Zusatz **„da"**, und bezeichnet das dem Angeredeten Nächstliegende. Oft wird dieses Pronomen auch in einem negativen, verächtlichen Sinne verwandt.

Iste inimicus meus est.	Dies(er da) ist mein Feind.
Isti homines me terrore afficiunt!	Diese Menschen da jagen mir Schrecken ein!

Ille, illa, illud bedeutet **„jener, jene, jenes"** und bezeichnet das dem Sprecher Entferntliegende. Oft wird mit diesem Pronomen auch das Berühmte, allgemein Bekannte hervorgehoben.

Filium meum ex illo periculo servavisti.	Du hast meinen Sohn aus jener Gefahr gerettet.
Vidi illum Ciceronem!	Ich habe den berühmten Cicero gesehen!
Illum numquam obliviscar!	Jenen werde ich niemals vergessen!

Wie du siehst, können diese Demonstrativpronomina sowohl **substantivisch** als auch **adjektivisch** gebraucht werden. Häufig erscheinen *hic, haec, hoc* und *ille, illa, illud* bei Gegenüberstellungen, um zwei Gruppen/Parteien gegeneinander abzugrenzen:

Marcum et Corneliam invitavi. Ille est filius amici mei, haec eius amica.	Ich habe Marcus und Cornelia eingeladen. Jener (besser: der Erstgenannte, der Erste) ist der Sohn meines Freundes, diese (besser: (die Letztgenannte, Letztere) seine Freundin.

In solchen Sätzen bezeichnet *ille* die zuerst und damit weiter vom Satzende entfernt genannte Person oder Sache, *hic* die später und damit näher am Satzende genannte. (Erinnere dich: Im Englischen wird dies mit *this* und *that* ausgedrückt.)

1 Setze die Demonstrativpronomina als Attribute zu den folgenden Substantiven. Bedenke, dass einige Formen doppeldeutig sind!

	hic	**iste**	**ille**
puellam			
puerorum			
labores (!)			
regis			
filiae (!)			
virum			
legum			
servi (!)			
proelia			

2 Und nun versuche den folgenden kleinen Text zu übersetzen.

Tempore Augusti Romae duo praeclari poetae vixerunt: Publius Vergilius Maro et Publius Ovidius Naso. Hic ab Augusto imperatore in exilium missus est, ille ab Augusto celebrabatur. Ille duces, pascua, rura cecinit, hic amores et novas corporum formas. Hic Tomi, loco accerrimo ad Pontum Euxinum sito, mortuus est, ille in Parthenope, quae urbs hodie Neapolis nominatur.

Gehen wir nun zu den Wörtern über, die wir als die **zweite Gruppe** unserer Demonstrativpronomina bezeichnen. Zu ihr gehören zwei richtige Tausendsassa was ihre Verwendungsmöglichkeiten angeht. Die lateinischen Formen bieten für dich keine Besonderheiten:

Singular			***Plural***		
ipse	ipsa	ipsum	ipsi	ipsae	ipsa
	ipsius		ipsorum	ipsarum	ipsorum
	ipsi			ipsis	
ipsum	ipsam	ipsum	ipsos	ipsas	ipsa
ipso	ipsa	ipso		ipsis	
is	ea	id	ii (ei)	eae	ea
	eius		eorum	earum	eorum
	ei			iis (eis)	
eum	eam	id	eos	eas	ea
eo	ea	eo		iis (eis)	

3 ***Ipse*, *ipsa*, *ipsum*** kannst du zunächst in seiner Grundbedeutung mit **„selbst"** wiedergeben, doch gibt es im Deutschen bessere Möglichkeiten der Übersetzung. Sieh dir die folgenden Sätze an, vielleicht fällt dir jeweils eine bessere Übersetzungsmöglichkeit für *ipse* ein!

Caesar ipse aparuit.	Caesar selbst erschien.

Besser: ______________________________

Hostes castra in ripa ipsa posuerunt.	Die Feinde schlugen das Lager am Ufer selbst auf.

Besser: ______________________________

____

Caesaris nomen ipsum hostes timore affecit.	Caesars Name selbst flößte den Feinden Furcht ein.

Besser: ______________________________

____

Hoc ipsum Caesar animadvertit.	Dies selbst bemerkte Caesar.

Besser: ______________________________

____

Itaque Caesar hunc ipsum timorem praesentia auxit.	Deshalb vergrößerte Caesar diese Furcht selbst durch seine Anwesenheit.

Besser: ______________________________

____

____

Du siehst, welche Bedeutungsbreite das Pronomen *ipse* aufweist. Lerne also nicht nur die eine Bedeutung „selbst" für dieses Pronomen, sondern versuche auch die anderen im Gedächtnis zu behalten. Achte jeweils darauf, welche Bedeutung wohl im Sinn- bzw. **Textzusammenhang** gemeint ist!

Doch nun zum zweiten Wort dieser Gruppe: **Klein – aber oho!**
Is*, *ea*, *id kann in seiner Grundfunktion als schwach hinweisendes **„dieser, diese, dieses"** verstanden werden. Dies sollte für dich auch die Ausgangsübersetzung sein. Doch genauso, wie du bei *ipse* nach der passenden deutschen Wiedergabe suchen musst, ist dies auch bei diesem Pronomen der Fall:

(1) Scitis Romulum et Remum Romam condidisse.	Ihr wisst, dass Romulus und Remus Rom gegründet haben.
(2) Ii pueri filii Rheae Silviae fuerunt.	Diese Jungen waren die Söhne Rhea Silvias.
(3) Ea pueros patre invito genuit.	Diese gebar die Jungen gegen den Willen ihres Vaters.
(4) Itaque Amulius, pater Rheae Silviae, eos interfici iussit.	Deshalb befahl Amulius, der Vater Rhea Silvias, sie zu töten.
(5) Sed ii servi, qui fratres in flumine caedere debebant, pueris pepercerunt.	Aber die(jenigen) Sklaven, die die Brüder im Fluss ertränken (wörtlich: töten) sollten (wörtlich: mussten), verschonten die Jungen.
(6) Postea Faustulus eos invenit et cum uxore educavit.	Später fand Faustulus sie und zog sie mit seiner Frau auf.
(7) Faustulus pastor avi eorum fuit.	Faustulus war der Hirte ihres Großvaters.

Die voranstehenden Sätze bieten dir eine Übersicht über die verschiedenen **Verwendungsbereiche** von *is, ea, id*. *Is, ea, id* kann verwendet werden:

- als Demonstrativpronomen (Sätze 2 und 3; Satz 2: adjektivisch, Satz 3: substantivisch; deutsch: Demonstrativpronomen „dieser, diese, dieses")
- außer im Nominativ als Personalpronomen der 3. Person Singular und Plural (Sätze 4 und 6; deutsch: Personalpronomen „er, sie, es")
- vor einem Relativsatz als Determinativpronomen (Abgrenzungspronomen; Satz 5; deutsch: ebenfalls Determinativpronomen „derjenige, diejenige, dasjenige" mit nachfolgendem Relativsatz)
- im Genitiv Singular und Plural als nichtreflexives Possessivpronomen (Satz 7; deutsch: Possessivpronomen „ein, ihr")

4 Setze nun die passende Form von *is, ea, id* ein und übersetze dann.

Certe Herculem cognovistis. ___________ vir multa pericula sustinere debuit, nam Hera ___________ urgebat. Iupiter, quamquam pater ___________ fuit, ___________ adesse non potuit. Praeclara sunt facta ______________, quae Eurystheus rex ___________ mandavit. Hercules interfecit multa atrocia animalia et ___________ equos, qui homines devoraverunt, domuit.

Wenn du das Kapitel der Demonstrativpronomina bis hierhin durchgearbeitet hast, hast du es fast geschafft – genau wie Herkules. Denn nun kommt nur noch ein Pronomen, das wir zugleich als die **dritte Gruppe** der Demonstrativpronomina bezeichnen. Es lautet ***idem, eadem, idem*** und wird wie folgt dekliniert:

idem	eadem	idem	iidem[1]	eaedem	eadem
	eiusdem		eorundem	earundem	eorundem
	eidem			iisdem[2]	
eundem	eandem	idem	eosdem	easdem	eadem
eodem	eadem	eodem		iisdem[2]	

([1] Nebenformen: eidem, idem; [2] Nebenformen: eisdem, isdem)

Wie du sofort erkannt haben wirst, ist dieses Wort aus dem oben besprochenen Demonstrativpronomen is, es, id und einer zweiten Silbe *-dem* zusammengesetzt. Es wird stets nur der erste Teil des Wortes dekliniert, die Silbe *-dem* bleibt unverändert. Dieses Pronomen bedeutet **„derselbe, dieselbe, dasselbe"**.

C. Julius Caesar et Cornelius Nepos eodem anno nati sunt.	C. Julius Caesar und Cornelius Nepos sind in demselben Jahr geboren.
Easdem urbes visitavi ac tu.	Ich habe dieselben Städte besucht wie du.
Ego idem, quod tu, video.	Ich sehe dasselbe wie du.

Wird zu dem Pronomen *idem, eadem, idem* noch ein **Vergleich** hinzugefügt, so wird dieser mit einem ***ac*** bzw. ***atque*** angeschlossen (s. Satz 2) oder mit einem Relativsatz (s. Satz 3).

Die Personalpronomina

Personalpronomina sind persönliche Fürwörter, die stellvertretend für Personen und – in der dritten Person – auch für Sachen stehen können. Der Nominativ der Personalpronomina wird immer dann gesetzt, wenn Gegensätze hervorgehoben oder Anreden und Ausrufe ausgedrückt werden sollen. Die Formen für die 1. und 2. Person lauten:

Sing.	**1. Person**		**2. Person**	
Nom.	ego	ich	tu	du
Gen.	mei	meiner	tui	deiner
Dat.	mihi	mir	tibi	dir
Akk.	me	mich	te	dich
Abl.	me(cum)[1]	(mit)[1] mir	te(cum)	(mit) dir
Pl.				
Nom.	nos	wir	vos	ihr
Gen.	nostri[2]	unser	vestri[3]	euer
Dat.	nobis	uns	vobis	euch
Akk.	nos	uns	vos	euch
Abl.	nobis(cum)	(mit) uns	(vobis)cum	(mit) euch

[1] Die Präposition *cum* ist deswegen in Klammern gesetzt, weil hier auch alle anderen Präpositionen stehen könnten, die den Ablativ bei sich haben. Die Ablative der Personalpronomina kommen nur in Verbindung mit einer Präposition vor. Allerdings wird nur *cum* an das Pronomen angehängt, alle anderen Präpositionen stehen vor dem Pronomen, z. B. *a me* – von mir, *de te* – über dich, *pro nobis* – für uns, *sine vobis* – ohne euch.

[2] Im Genitiv tritt das Personalpronomen auch in Form von *nostrum* in Wendungen wie: *nemo nostrum* – niemand von uns oder *quis nostrum* – wer von uns auf. Es handelt sich dabei um die Form des partitiven Genitivs.

[3] Gleiches gilt für *vestrum*.

5 Übersetze mit Hilfe der obigen Tabelle den folgenden kleinen Text, der ein Streitgespräch zwischen Niobe und ihren Töchtern wiedergibt.

Nioba: „Quid facitis?"
Filiae: „Nos aram Latonae deae ornamus, nam mox diem festum agemus! Nos cura deae salvae sumus."
Nioba: „Vos omnes non cura deae, sed cura mea salvae estis. Gratias agite mihi, non deae!"
Filiae: „Semper tibi gratias habemus, semper amor tui nobis magnus est. At: Latona dea est!"
Nioba: „Mihi septem filii et septem filiae sunt, Latonae tantum unus filius et una filia."

Auch die Göttin Latona hört natürlich von diesem Gespräch und ist über Nioba erzürnt. Übersetze weiter.

Latona: „Tu mortalis es, ego dea!
Itaque vos mihi sacrificare debetis.
Nunc nobis, mihi et liberis meis, officium est vos punire."

Die Kasus der Personalpronomina der 1. und 2. Person werden ohne Unterschied in der Form nichtreflexiv und reflexiv (rückbezüglich) verwendet. Bei der 3. Person dagegen werden diese Verwendungsarten genau unterschieden.

Sing.	**3. Person (reflexiv)**		**3. Person (nichtreflexiv)**	
Nom.			(is, ea, id)	(er, sie, es)
Gen.	sui	seiner, ihrer	eius	seiner, ihrer, seiner
Dat.	sibi	sich	ei	ihm, ihr, ihm
Akk.	se	sich	eum, eam, id	ihn, sie, es
Abl.	se(cum)	(mit) sich	(cum) eo, ea, eo	(mit) ihm, ihr, ihm
Pl.				
Nom.	---		(ii, eae, ea)	(sie)
Gen.	sui	ihrer	eorum, earum, eorum	ihrer
Dat.	sibi	sich	iis (eis)	ihnen
Akk.	se	sich	eos, eas, ea	sie
Abl.	se(cum)	(mit) sich	(cum) iis (eis)	(mit) ihnen

Wie du aus der Tabelle ersiehst, gibt es im Lateinischen für die 3. Person des Personalpronomens ein eigenes Reflexivpronomen. Sieh dir die folgenden Beispielsätze an:

Marcus se laudat.	Marcus lobt sich (selbst).
Etiam Lucius eum laudat.	Auch Lucius lobt ihn.

In beiden Sätzen handelt es sich um dieselbe 3. Person Singular, die von der Handlung des Verbs, hier: des Lobens, betroffen ist. Doch während im ersten Satz Marcus selbst es ist, der sich das Lob ausspricht, die Handlung sich also reflexiv auf das Subjekt zurückbezieht, ist es im zweiten Satz ein Außenstehender, der Marcus lobt; die Handlung bezieht sich nichtreflexiv auf das Subjekt des Satzes zurück.

Um ein solches **nichtreflexives** Verhältnis auszudrücken, nimmt die lateinische Sprache für die 3. Person des Personalpronomens die Formen von *is*, *ea*, *id*. Zur Verdeutlichung des **reflexiven** Verhältnisses kennt sie für die 3. Person die Formen *sui* (Genitiv), *sibi* (Dativ), *se* (Akkusativ), *se* mit Präposition (Ablativ). Allerdings wird bei diesen Formen nicht zwischen Maskulinum, Femininum, Neutrum und auch nicht zwischen Singular und Plural unterschieden, wie dir die folgenden Beispielsätze beweisen:

Marcus se laudat.	Marcus lobt sich.
Cornelia se laudat.	Cornelia lobt sich.
Pueri se laudant.	Die Jungen loben sich.
Puellae se laudant.	Die Mädchen loben sich.

Marcus de se narrat.	Marcus erzählt von sich.
Cornelia de se narrat.	Cornelia erzählt von sich.
Pueri de se narrant.	Die Jungen erzählen von sich.
Puellae de se narrant.	Die Mädchen erzählen von sich.

6 Doch nun genug der Erläuterung, jetzt darfst du dich praktisch betätigen! Übersetze den folgenden Text.

Nioba Latonam deam offendit. – ______________________

Itaque Latona Dianam et Apollinem ad se vocat et iis dicit: – ______________________

____

„Nioba mihi invidet et me offendit. – ______________________

Punite feminam superbam, nam Nioba se deam habet!" – ______________________

____

Apollo et Diana filios filiasque Niobae sagittis necant. – ______________________

____

Liberi se defendere nequeunt (= non possunt). – ______________________

____

Etiam Nioba iis auxilio venire nequit (= non potest). – ______________________

____

RÖMISCHE SPEZIALITÄTEN

14. Satzwertige Konstruktionen

Der Akkusativ mit Infinitiv (Accusativus cum Infinitivo → A.c.I.)

In diesem Kapitel beschäftigen wir uns mit einer sprachlichen Erscheinung, die für die lateinische Sprache sehr charakteristisch ist und daher sehr oft verwendet wird. Sie steht in engem Zusammenhang mit dem Akkusativ-Objekt. Die Frage nach dem Akkusativ-Objekt kennst du schon: „(Wen oder) was tut jemand?"

Marcus amicum videt. → **Wen (oder was)** sieht Marcus? → Marcus sieht **seinen Freund**.

Doch was machst du mit dem folgenden Satz?

Marcus amicum ambulare videt.

Auch hier kann dir die oben gestellte Frage helfen: Wen oder was sieht Marcus? In diesem Falle sieht Marcus nicht nur seinen Freund, sondern auch, was sein Freund macht, also eine Handlung seines Freundes. Du kannst den Satz daher folgendermaßen übersetzen:

Marcus sieht, dass sein Freund spazieren geht.

Der gesamte Block *amicum ambulare* bildet das **Akkusativ-Objekt** zum Prädikat *videt*. Er besteht zum einen aus der Handlung *ambulare* (Infinitiv! – Frage: **Was tut jemand?** Jemand geht spazieren) und zum anderen aus dem Ausführenden dieser Handlung: *amicum* (Akkusativ-Subjekt! – **Wer geht spazieren?** Der Freund geht spazieren).
Im Deutschen geben wir diese Konstruktion (Akkusativ-Subjekt mit Infinitiv) als Gliedsatz wieder: Aus dem Akkusativ-Subjekt wird das Subjekt im Nominativ, aus dem Infinitiv wird das Prädikat:

..., dass sein Freund spazieren geht.

Der **Infinitiv Präsens** *ambulare* zeigt dir dabei an, dass die Handlung **gleichzeitig** zur Handlung des Hauptsatzes verläuft.
Ein solches zweifach gegliedertes Objekt findest du vor allem bei den **Verben des Sagens, Glaubens, Meinens, Denkens, Wissens** und denen der **sinnlichen und geistigen Wahrnehmung**, wenn sie im **Aktiv** verwendet werden. Auch einige **Verben des Begehrens** (z. B. *iubere* → befehlen und *vetare* → verbieten) haben unter dieser Bedingung den A.c.I. bei sich.

1 Übersetze die folgenden Übungssätze. Eine gute Hilfe ist es, wenn du vorher den A.c.I. unterstreichst.

Cornelia amicam appropinquare videt. – ______________________________

____

Amica portam apertam esse videt. – ______________________________

____

Subito Cornelia amicam clamare audit. – ______________________________

____

Cornelia columbam ante portam sedere videt. – ______________________________

____

Cornelia amicam per portam apertam intrare iubet. – ______________________________

____

Sed amica columbam bestiam esse clamat. – ______________________________

____

Nunc Cornelia amicam columbam timere cognoscit. – ______________________________

____

Vielleicht hast du mit dem letzten Satz einige Schwierigkeiten gehabt. Was ist es denn, was da ausgesagt wird? Sehen wir uns den Satz einmal gemeinsam an:

Cornelia amicam columbam timere cognoscit.

Wen oder was erkennt Cornelia? Cornelia erkennt *amicam columbam timere*. Betrachten wir hier zunächst einmal den Infinitiv *timere*, so erfahren wir, dass jemand sich fürchtet. Doch: **Wer fürchtet sich hier?** (= Frage nach dem Akkusativ-Subjekt). Hier haben wir zwei Akkusative zur Auswahl: *amicam* und *columbam*. Aber der Sinn ist eindeutig: Cornelia erkennt, dass ihre **Freundin** sich fürchtet. **Wen oder was fürchtet ihre Freundin?** (= Frage nach dem Akkusativobjekt zu *timere*). Cornelia erkennt, dass ihre Freundin **die Taube** fürchtet.

Merke: Enthält ein Satz mehr als einen Akkusativ, entscheidet der Sinn der Aussage, welcher das **Subjekt des A.c.I.** (hier: *amicam*) und welcher das **Objekt** (hier: *columbam*) **zum Infinitiv** (hier: *timere*) bildet. Wenn einmal in einem allein stehenden Satz beide Möglichkeiten einen Sinn ergeben sollten, dann ist in der Regel der zuerst stehende Akkusativ das Subjekt des A.c.I. und der näher beim Infinitiv stehende Akkusativ das mit ihm verbundene Objekt.

Bei all unseren Beispielsätzen standen das Prädikat und der Infinitiv jeweils im Präsens. Doch was passiert, wenn das Prädikat nicht mehr im Präsens steht, sondern in ein Tempus der Vergangenheit (z. B. Imperfekt oder Perfekt) wechselt? Das

Zeitverhältnis ändert sich dadurch nicht, es herrscht weiter Gleichzeitigkeit. **Der Infinitiv Präsens drückt also unabhängig von dem Tempus, in dem das übergeordnete Prädikat steht, immer die Gleichzeitigkeit aus.**
Bei der **Übersetzung ins Deutsche** muss sich jedoch das Prädikat des dass-Satzes, den wir bilden, jeweils nach dem Tempus des übergeordneten Prädikats richten. Sieh dir dazu die folgende Gegenüberstellung an:

Cornelia amicam *appropinquare* **videt**.	Cornelia **sieht**, dass sich die Freundin ***nähert***.
Cornelia amicam *appropinquare* **videbat (vidit)**.	Cornelia **sah**, dass sich die Freundin ***näherte***.

> Wie du siehst, wird die **Gleichzeitigkeit** in einem A.c.I., die im Lateinischen immer der **Infinitiv Präsens** ausdrückt, im Deutschen unterschiedlich wiedergegeben:
> – Tempus Präsens, wenn das übergeordnete Prädikat im Tempus Präsens,
> – Tempus Präteritum, wenn das übergeordnete Prädikat in einem Vergangenheitstempus steht.

2 Übersetze nun die folgenden Sätze und achte auf die Zeitverhältnisse.

Lucius Marcum amicum aegrotum esse matri narrat. –

Mater Lucium Marcum visitare iubet. –

Marcus Lucium venire valde gaudet. –

Pater Lucium et Marcum in aula ludere vetat. –

Postea pater pueros tamen in aulam currere audivit. –

Pater Marcum etiam equum conscendere vidit. –

Tum pater servum Marcum vocare iussit. –

Lucius etiam patrem iratum Marcum vocare audivit. –

Was geschieht jedoch, wenn wir nicht mehr einen **Infinitiv** im Präsens vorfinden, sondern einen im **Perfekt**? Sehen wir uns dazu den folgenden Satz an:

Marcus amicum fabulam narravisse scit.

Wen oder was weiß Marcus? Marcus weiß, dass jemand erzählt hat. Also: Das Erzählen liegt zeitlich **vor** dem Wissen, die Handlung ist vorzeitig. **Wer hat erzählt?** (= Frage nach dem Akkusativ-Subjekt) Marcus weiß, dass sein **Freund** erzählt hat. **Wen oder was hat der Freund erzählt?** (= Frage nach dem Akkusativ-Objekt) Marcus weiß, dass sein Freund **eine Geschichte** erzählt hat.

Merke: Steht in einem A.c.I. der **Infinitiv im Perfekt**, so ist die Handlung des A.c.I. **vorzeitig** zu der Handlung des übergeordneten Verbs. Bei der Umsetzung des A.c.I. ins Deutsche gilt:
- bei einem übergeordneten Verb im Präsens → im deutschen dass-Satz das Tempus Perfekt
- bei einem übergeordneten Verb in einem Tempus der Vergangenheit → das Tempus Plusquamperfekt

Marcus amicum *vocavisse* **audit**.	Marcus **hört**, dass der Freund ***gerufen hat***.
Marcus amicum *vocavisse* **audiebat/audivit**.	Marcus **hörte**, dass der Freund ***gerufen hatte***.

3 Übersetze entsprechend die folgenden Beispielsätze.

Magister Herculem multos labores confecisse narrat. –

Hercules Hydram in silvam densam abdidisse audivit.–

Discipuli discipulaeque Herculem Hydram dolo necavisse sciunt. –

Magister Herculem etiam aprum saevum cepisse narravit. –

Incolae aprum saevum in Erymantho monte agros vastavisse nuntiaverunt. –

Discipuli discipulaeque Eurystheum regem se in urna occultavisse gaudent. –

Wenn der A.c.I. im **Passiv** verwendet wird, wirst du ebenfalls die Zeitverhältnisse Gleichzeitigkeit und Vorzeitigkeit vorfinden. Bei **Gleichzeitigkeit** findest du den **Infinitiv *Präsens* Passiv**:

Marcus fabulam ab amico narrari audivit.

Wen oder was hörte Marcus? Marcus hörte, dass etwas **erzählt** wurde.
Wer oder was wurde erzählt (Akkusativ-Subjekt)? Marcus hörte, dass **eine Geschichte** erzählt wurde.
Von wem wurde eine Geschichte erzählt? Marcus hörte, dass **von seinem Freund** eine Geschichte erzählt wurde.

Gebildet wird der **Infinitiv Präsens Passiv** von Verben der **a-Konjugation** mit dem **Präsensstamm** *(narra)* + **Bildesilbe *ri*** (→ *narrari* – erzählt werden). Diese Art der Bildung findest du auch bei der **e-** und **i-Konjugation** (*mone* + *ri* → *moneri* – ermahnt werden; *audi* + *ri* → audiri – gehört werden).
Bei der **konsonantischen** und **gemischten Konjugation** heißt die Bildesilbe ***i***, also z. B. *duc* + *i* → *duci* – geführt werden oder *cap* + *i* → *capi* – gefasst werden.

4 Übersetze nun die folgenden Sätze, in denen du jeweils einen Infinitiv Präsens Passiv findest.

Marcus alias fabulas de Hercule narrari cupit. – ______________________________

____

Eurystheus rex stabula Augiae regis purgari iussit. – ______________________________

____

Omnes Graeciae incolae leonem saevum ab Hercule necari volebant. – ______________

____

____

Omnes discipuli discipulaeque Herculem in numero deorum haberi non ignorant. – ______

____

____

Iterum atque iterum Graeci Herculem in templo coli videbant. – ______________________

____

Die **Vorzeitigkeit** im Passiv wird durch den **Infinitiv *Perfekt* Passiv** ausgedrückt. Du findest dann im Satz das **Partizip Perfekt Passiv** (im folgenden Beispielsatz: *narratam* KNG-kongruent zum Akkusativ-Subjekt *fabulam*) + ***esse***:

Marcus fabulam ab amico narratam esse scit.

Wen oder was weiß Marcus? Marcus weiß, dass etwas erzählt worden ist.
Wer oder was ist erzählt worden? Marcus weiß, dass eine Geschichte erzählt worden ist.
Von wem ist die Geschichte erzählt worden? Marcus weiß, dass die Geschichte von seinem Freund erzählt worden ist.

5 Mit diesem Hintergrundwissen mach dich nun an die folgenden Übungssätze heran und übersetze!

Magister Herculem ab Augia rege ad Erymanthum montem missum esse narravit. – ______

______

______

Iolaus Hydram necatam esse gaudebat. – ______

______

Hercules homines in regno Diomedis ab equis devorari audivit. – ______

______

Nos omnes sciunt regem Diomedem ab Hercule superatum et item ab equis devoratum esse. – ______

______

______

Eurystheus rex Cerberum ab inferis (aus der Unterwelt) apportatum esse audivit. Itaque timore impletus est. – ______

______

______

Discipuli discipulaeque Herculem ab incolis omnibus laudatum esse legerunt. – ______

______

______

Bei bestimmten Prädikaten kann der A.c.I. auch **Subjekt des lateinischen Satzes** sein:

Amicum fabulam narravisse notum erat.

Das Prädikat des Satzes wird hier durch den unpersönlichen Ausdruck *notum erat* (= es war bekannt) gebildet.
Wer oder was war bekannt? Es war bekannt, dass der Freund eine Geschichte erzählt hatte.

6 An den folgenden Sätzen kannst du diese neu erworbenen Kenntnisse noch einmal überprüfen!

Herculem multas bestias necavisse constat. – ______________________________

____

Fama est Herculem puerum a duobus serpentibus oppressum esse. – __________

____

____

Deis notum erat Herculem a Iunone non amari. – ____________________________

____

Notum est multa templa Herculi aedificata esse. – __________________________

____

Constat Herculem multis in terris a hominibus cultum esse. – ________________

____

____

Das Participium coniunctum (P.c.)

Der vom gegnerischen Libero gefoulte Stürmer blieb lange regungslos im Strafraum liegen.

oder:

Der Spieler blieb, vom gegnerischen Libero gefoult, lange regungslos im Strafraum liegen.

Bestimmt hast du einen solchen oder ähnlichen Satz schon auf der Sportseite einer Zeitung gelesen oder in einer Reportage gehört. Doch hast du dir auch einmal Gedanken darüber gemacht, um welche Form es sich bei „gefoult" handelt? Es ist das **Partizip Perfekt Passiv**. Ebenso sind „geholt", „gerufen", „gebraucht", „ermahnt" etc. solche Partizipien Perfekt Passiv.
Und genau diese Aussageform gehörte für die alten Römer zu den besonders bevorzugten Konstruktionen. Immer wieder findest du im Lateinischen Sätze wie diesen:

Quando Aeneas **Troiam deletam** relinquet?	Wann wird Aeneas **das zerstörte Troja** verlassen?

In diesem Beispielsatz steht *deletam* im Akkusativ Singular, ist feminin und wie ein adjektivisches Attribut in KNG-Kongruenz mit *Troiam* verbunden; es ist attributiv verwendet.
Die in unserem Beispielsatz beobachtete KNG-Kongruenz zwischen *Troiam* und *deletam* zeigt zudem an, dass das Partizip *(deletam)* an ein Satzglied (in unserem Falle das Objekt) des Hauptsatzes angehängt ist, d. h. in den Hauptsatz eingebunden ist. Deshalb nennt man diese Partizipialkonstruktion auch **Participium coniunctum**.

Quando Aeneas **in novam patriam iam diu exspectatam** perveniet?	Wann wird Aeneas **in die schon lange erwartete neue Heimat** kommen?

In diesem zweiten Beispielsatz ist vor das Partizip noch ein **Adverb** gesetzt, das die Aussage erweitert. In solchen Fällen bietet sich für die **Übersetzung** ins Deutsche eine weitere Möglichkeit an: der Partizipialblock *iam diu exspectatam* kann auch mit einem **Relativsatz** wiedergegeben werden:

	Wann wird Aeneas **in die neue Heimat** kommen, **die schon lange erwartet worden ist**?

7 Das soll zunächst an Erklärungen genügen. Versuche nun die folgenden Sätze mit attributiv verwendeten Partizipien zu übersetzen.

Diu Troiani equum ab Ulixe aedificatum donum deorum putaverunt. – ______________

____

____

Graeci ex equo liberati portas Troiae aperuerunt. – ______________

____

Multi Graeci per portas apertas in oppidum invaserunt, Troianos necaverunt, denique Troiam deleverunt. – ______________

____

____

Diu Aeneas (in) Troia deleta Creusam uxorem quaesivit. – ______________

____

Wenn du diese Sätze richtig übersetzt hast, hast du einen guten Grundstein für unsere weitere Arbeit mit dieser typisch lateinischen Konstruktion gelegt.

Sieh dir dazu den nächsten Beispielsatz an!

Aeneas a Iove acerrime ***monitus*** statim Carthaginem **reliquit**.

Du findest in diesem Satz zwei Verbalinformationen. Die erste Information ist in der Partizipialform *monitus* enthalten, die zweite im Prädikat des Hauptsatzes. *Monitus* steht in KNG-Kongruenz zu Aeneas, bezieht sich aber zugleich auch auf das Prädikat *reliquit*, indem das Partizip *monitus* die Aussage des Prädikats näher erläutert: Die Tatsache, dass Aeneas von Jupiter ermahnt worden ist, veranlasst ihn zur sofortigen Abfahrt von Carthago.
Ist ein Partizip in dieser Form gebraucht, handelt es sich um eine prädikative Verwendung des Partizips oder kurz um ein **prädikatives Partizip**.

Doch wie soll man eine solche lateinspezifische Aussageform angemessen ins Deutsche übersetzen? Versuchen wir es zunächst einmal nach unserer Sportreportermethode:

Aeneas a Iove acerrime ***monitus***	Aeneas, von Jupiter aufs Schärfste ermahnt,
statim Carthaginem **reliquit**.	verließ sofort Carthago.

Nicht schlecht fürs Erste, aber wir müssen noch ein wenig Feinarbeit leisten! Klären wir zunächst einmal, in welcher **Reihenfolge** die Handlungen stattgefunden haben. Das **Partizip *Perfekt* Passiv** weist – genauso wie der Infinitiv Perfekt – auf **Vorzeitiges** hin, d. h., die Handlung des Partizips hat **vor** der Handlung des Prädikats stattgefunden. Das führt für unseren Beispielsatz zu folgender Übersetzung:

Aeneas **wurde** von Jupiter aufs Schärfste **ermahnt** und verließ ***darauf*** sofort Carthago.

Damit sind wir einer sachgerechten Übersetzung einen großen Schritt näher gekommen. Zudem haben wir uns jetzt auch schon für eine bestimmte gedankliche Verbindung beider Handlungen entschieden: der von uns gewählte **Konnektor** „darauf" zeigt an, dass wir ein **temporales (**zeitliches) **Gedankenverhältnis** zwischen den beiden Handlungen entdeckt haben.
Diese Art der Auflösung eines Participium coniunctum bezeichnet man als **Beiordnung**, d. h., aus dem Partizipialblock wird ein eigenständiger Hauptsatz, der mit dem eigentlichen (lateinischen) Hauptsatz durch **„und"** und einen weiteren **Konnektor** verbunden wird.

Unser Beispielsatz lässt aber noch eine weitere gedankliche Verknüpfung der beiden Handlungen zu:

Aeneas **wurde** von Jupiter auf Schärfste **ermahnt** und verließ ***deshalb*** sofort Carthago.

Auch diese Übersetzung ist richtig, wenn man der Meinung ist, dass zwischen den beiden Handlungen eher ein **kausales** als ein temporales Gedankenverhältnis vorliegt.

Merke: Welches Gedankenverhältnis vorliegt, musst du jeweils aus dem **Textzusammenhang** erschließen.

8 Versuche nun einmal die folgenden kleinen Sätze auf diese Art aufzulösen.
Du kannst zu jedem Satz verschiedene Versionen aufschreiben.

Hercules ab incolis Graeciae vocatus statim apparuit.
Nam incolae ab apro saevo vexati auxilium ab Hercule petiverunt.
Aper ab Hercule inventus fuga salutem petivit.
Aper ab Hercule vexatus et captus in aulam regis portatus est.

Gut gemacht! Als erfahrener PC-Übersetzer kannst du nun diese Blöcke auch noch auf zwei weitere Arten auflösen. Zunächst einmal nach der Methode **Unterordnung**. Dabei wird aus dem Partizipialblock ein subjunktionaler **Gliedsatz**.
Wenn wir in unserem Beispielsatz den Partizipialblock auf diese Weise mit einem **temporalen** Gedankenverhältnis auflösen, dann ergibt das folgende Übersetzung:

Nachdem Aeneas von Jupiter aufs Schärfste ermahnt worden war, verließ er sofort Carthago.

Falls das **kausale** Gedankenverhältnis bevorzugt wird, lautet der Satz so:

Weil Aeneas von Jupiter aufs Schärfste ermahnt worden war, verließ er sofort Carthago.

Wie du siehst, wird das Gedankenverhältnis in diesen Fällen durch die **Subjunktionen „nachdem"** und **„weil"** ausgedrückt.

9 Löse die Beispielsätze von Übung 8 nach der Methode Unterordnung auf.

Hercules ab incolis Graeciae vocatus statim apparuit.
Nam incolae ab apro saevo vexati auxilium ab Hercule petiverunt.
Aper ab Hercule inventus fuga salutem petivit.
Aper ab Hercule vexatus et captus in aulam regis portatus est.

Als dritte Auflösungsmöglichkeit eines Participium coniunctum bietet sich zusätzlich noch die **Einordnung** an: Aus dem Partizipialblock wird dann ein **Präpositionalausdruck**, das gedankliche Verhältnis spiegelt sich in der **Präposition** wider.

temporal:

Nach der überaus scharfen Ermahnung durch Jupiter verließ Aeneas sofort Carthago.

kausal:

Wegen der überaus scharfen Ermahnung durch Jupiter verließ Aeneas sofort Carthago.

10 Versuche jetzt einmal den letzten Satz der vorigen Übung nach der Methode Einordnung zu übersetzen!

Aper ab Hercule vexatus et captus in aulam regis portatus est. ____________

____

Neben temporalen und kausalen Verbindungen sind auch **konditionale** und **konzessive** Verknüpfungen möglich.

konditional:

Liberi a patre vocati statim apparent.

Unterordnung:	Die Kinder erscheinen sofort, **wenn** sie vom Vater gerufen worden sind.
Einordnung:	Die Kinder erscheinen **im Falle** eines Rufes von Seiten des Vaters sofort.
Beiordnung:	Die Kinder sind vom Vater gerufen worden und erscheinen **in diesem Falle** sofort.

konzessiv:

Liberi a patre vocati non apparent.

Unterordnung:	Die Kinder erscheinen nicht, **obwohl** sie vom Vater gerufen worden sind.
Einordnung:	Die Kinder erscheinen **trotz** des Rufes von Seiten des Vaters nicht.
Beiordnung:	Die Kinder sind vom Vater gerufen worden und erscheinen **trotzdem** nicht.

Bevor du noch einmal deine Übersetzungskünste zeigen darfst, wollen wir uns alle Möglichkeiten in einer Übersichtstabelle anschauen.

Auflösungsart→	Unterordnung	Einordnung	Beiordnung
gedankliches Verhältnis	Adverbialsatz	präpositionaler Ausdruck	zweiter Hauptsatz mit Konjunktion
temporal	als, nachdem, sobald	nach ...	darauf, danach, dann
kausal	weil, da	wegen des/der ...	daher, deshalb
konditional	wenn, falls	im Falle eines/einer ...	in diesem Fall
konzessiv	obwohl, obgleich	trotz des/der	trotzdem, dennoch

11 Entscheide dich bei den folgenden Beispielsätzen für das gedankliche Verhältnis, das dir den Sinn der Aussage am besten zu treffen scheint. Wähle dann die Auflösungsform, die im Deutschen am besten passt!

Multi Romani in provincias missi ibi manserunt.
Nonnumquam nationes barbarae Romanis in provinciam missis insidias parabant et colonias Romanas oppugnabant.
Romani autem hostes gladiis armatos non timebant.
Itaque coloniae a Romanis defensae non expugnatae sunt.
Nonnulli barbari a Romanis capti Romam deportati sunt et in carcerem missi sunt.

WEIL ICH SO CLEVER BIN ...

15. Indikativische Gliedsätze

„Du bist doof, weil du mir nicht mal richtig helfen kannst! ..."
Wenn man etwas mitteilt, dann verwendet man selten nur einzeln stehende Hauptsätze. Meistens bilden die Sätze größere Satzeinheiten. Wenn man zwei Sätze miteinander verbinden möchte, so kann dies auf zweifache Art erfolgen:

Wenn die Sätze als Hauptsätze gleichberechtigt nebeneinander stehen sollen, so wählt man **beiordnende Konjunktionen** wie:

et, atque (und), *nam, enim, etenim* (denn), *ergo, igitur, proinde* (also), *itaque* (deshalb), *igitur* (daher).

Marcus magistrum ludi diligit, **nam** magister ludi doctissimus est.	Marcus schätzt seinen Lehrer sehr, **denn** sein Lehrer ist hoch gebildet.

Du siehst, beide Sätze sind **Hauptsätze**; sie stehen auf einer Ebene und sind durch die **Konjunktion** nam („denn") miteinander verbunden. Eine solche Verbindung von Sätzen heißt **Satzreihe**.

Wenn jedoch ein Hauptsatz mit **Nebensätzen** (= Gliedsätzen) verbunden werden soll, in denen Abhängigkeiten und logische Sinnrichtungen aufgezeigt werden, so verwendet man **unterordnende Konjunktionen (= Subjunktionen)** wie:

dum (während), *postquam* (nachdem), *ubi* (sobald), *cum* (jedes Mal wenn; als plötzlich), *quod* (da, weil) oder *quamquam* (obwohl).

Zunächst behandeln wir nur solche Subjunktionen, die den Indikativ bei sich haben.

Marcus, a magistro saepe laudatur.
quod attentus et sedulus est,

Marcus wird oft von seinem Lehrer gelobt,
weil er aufmerksam und fleißig ist.

Lucius cum Quinto ambulat.
Quod Marcus aegrotus est,
geht Lucius mit Quintus spazieren.
Weil Marcus krank ist,

Bei beiden Sätzen siehst du, dass der durch die **Subjunktion** *quod* eingeleitete Satz dem Hauptsatz untergeordnet ist. Eine solche Verbindung von Sätzen hat die Bezeichnung **Satzgefüge**.
Inhaltlich weist die Subjunktion *quod* darauf hin, dass in dem durch sie eingeleiteten Nebensatz eine **Begründung** für die Aussage des Hauptsatzes ausgesprochen wird. Es liegt also ein **kausaler Gliedsatz** vor.

> **Merke:** Wenn das **Subjekt des Gliedsatzes identisch mit dem des Hauptsatzes** ist, so wird im Lateinischen das gemeinsame Subjekt direkt vor den Gliedsatz, d. h. vor die Subjunktion, gestellt (s. 1. Beispielsatz).

Im Deutschen kannst du eine solche Satzfügung so wiedergeben, wie du es beim 1. Beispielsatz beobachten kannst. Du kannst aber auch das gemeinsame Subjekt in den Gliedsatz hineinziehen, diesen an den Anfang des Satzgefüges stellen und an ihn den Hauptsatz anschließen. Der deutsche Satz sähe dann wie folgt aus:

Weil *Marcus* aufmerksam und fleißig ist, wird **er** von seinem oft Lehrer gelobt.

Genauso wie Nomina im Satz Subjekt, Objekt, Adverbial und Attribut sein können, können dies auch Nebensätze. Bei unserem Beispiel könntest du den Nebensatz „**weil** er aufmerksam und fleißig ist" auch durch den **Präpositionalausdruck** „**wegen** seines Fleißes und seiner Aufmerksamkeit", also durch ein Adverbial, ersetzen. Deshalb nennt man einen solchen Nebensatz auch **Adverbialsatz.**

Du siehst, wir können einen Gliedsatz nach **drei Kategorien** unterscheiden:

1. nach seiner **äußeren Erscheinungsform**: **subjunktionaler (konjunktionaler) Gliedsatz**
2. nach seiner **Aufgabe im Satz**: **Adverbialsatz**
3. nach seiner **inhaltlichen Aussage**: **Kausalsatz**

Neben *quod* gibt es, wie du oben (S. 85) schon gesehen hast, noch viele andere **unterordnende Konjunktionen**, auch viele, die mit einem Prädikat im Indikativ verbunden sind. Durch sie ändert sich jeweils die **inhaltliche Aussage des Gliedsatzes**; seine Aufgabe im Satz und seine äußere Erscheinungsform bleiben jedoch unberührt. Die wichtigsten weiteren Sinnrichtungen in indikativischen Gliedsätzen kannst du dir jetzt anschauen.

Lucius, **quamquam** attentus et sedulus est, a magistro numquam laudatur.	**Obwohl** Lucius aufmerksam und fleißig ist, wird er vom Lehrer nie gelobt.

An Stelle der Subjunktion *quod* findest du in diesem Satzgefüge die Subjunktion *quamquam*. Durch sie wird auf ein **konzessives** Gedankenverhältnis hingewiesen. In Sätzen dieser Art wird ein Sachverhalt **eingeräumt** oder **zugestanden** (lat.: *concedere*).

Marcus, **cum** attentus et sedulus est, a magistro laudatur.	**Immer dann, wenn** Marcus aufmerksam und fleißig ist, wird er vom Lehrer gelobt.
Marcus, **ubi** attentus et sedulus est, a magistro laudatur.	**Sobald** Marcus aufmerksam und fleißig ist, wird er vom Lehrer gelobt.

Durch die beiden Subjunktionen *cum* und *ubi* werden **temporale** Gliedsätze eingeleitet. Wenn *cum* mit einem Prädikat im Indikativ verbunden ist, wird oft ein sich wiederholendes (= iteratives) Geschehen ausgedrückt, bei *ubi* wird demgegenüber das Eintreten eines Geschehens betont.

Weitere **temporale** Subjunktionen sind *postquam* und *dum*.

Dum Marcus mihi fabulam narrat, frater eius apparuit.

Während Marcus mir eine Geschichte erzählte, erschien sein Bruder.

***Dum*-Sätze** mit der Bedeutung **„während"** bezeichnen die **Gleichzeitigkeit** und stehen im Lateinischen immer im **Präsens**, müssen aber im Deutschen trotzdem mit einem Vergangenheitstempus wiedergegeben werden, wenn das Verb des übergeordneten Satzes im Perfekt oder Imperfekt steht.

Postquam Lucius apparuit, Marcus novam fabulam nobis narravit.

Nachdem Lucius erschienen war, erzählte Marcus uns eine neue Geschichte.

In Sätzen, die mit *postquam* eingeleitet werden, steht im Lateinischen unabhängig vom Tempus des übergeordneten Satzes in der Regel das **Perfekt**, das die Abgeschlossenheit einer Handlung betont. Im Deutschen erscheint in diesem Gliedsatz nur dann das Perfekt, wenn das Prädikat des übergeordneten Satzes im Präsens steht. Erscheint hier ein Tempus der Vergangenheit, dann muss das lateinische Perfekt des mit *postquam* eingeleiteten Satzes im Deutschen mit dem Plusquamperfekt wiedergegeben werden.

Postquam Roma **condita est**, multi agricolae novum in oppidum **veniunt**.

Nachdem Rom **gegründet** (worden) **ist**, **kommen** viele Bauern in die neue Siedlung.

Postquam Roma **condita est**, multi agricolae novum in oppidum **venerunt**.

Nachdem Rom **gegründet** (worden) **war**, **kamen** viele Bauern in die neue Siedlung.

Merke: Das lateinische Perfekt, bei dem das Prädikat des *postquam*-Satzes als „absolutes" Tempus steht und mit dem die **Vorzeitigkeit** angezeigt wird, wird im Deutschen meistens mit dem Plusquamperfekt wiedergegeben, wenn das Verb des übergeordneten Satzes in einem Vergangenheitstempus steht. Das Plusquamperfekt drückt die Vorzeitigkeit einer Handlung in der Vergangenheit gegenüber einer anderen aus.

1 Doch nun genug an Erläuterungen, jetzt kannst du selbst aktiv werden. Vervollständige zunächst die folgende Tabelle.

inhaltliche Aussage	lat. Subjunktion	deutsche Bedeutung	Aufgabe im Satz
kausal	quod		
	postquam		
	ubi		
	dum		
	cum		
	quamquam		

2 Jetzt dürfte dir der folgende Text nicht mehr allzu viele Schwierigkeiten machen. Lass dir Zeit und übersetze in aller Ruhe. Wenn du dir einmal unsicher bist, schau noch mal in den Erklärungen nach.

Romani filias Sabinorum raptant

Romulus, postquam Romam condidit, multos viros et agricolas in oppidum novum vocavit. Quod Romulo et sociis uxores defuerunt, Romulus Sabinos, qui prope habitabant, cum mulieribus et filiis ad ludos Romam invitavit. Ubi Sabini Sabinaeque consederunt et ludos spectaverunt, Romani magno cum clamore hospites oppresserunt et uxores filiasque Sabinorum rapuerunt. Dum Sabini contra Romanos pugnare cogitant, filiae Sabinorum patres et viros oraverunt: „Finite bellum, discedite ab armis!“

Tandem Sabini cum Romanis foedus inierunt, quamquam filiae raptae erant.

WENN DAS WÖRTCHEN „WENN“ NICHT WÄR

16. Der Konjunktiv

Du kennst bereits verschiedene Zeiten im Indikativ und den Imperativ kannst du im Kapitel 10 wiederholen. Nun fehlt nur noch der dritte Modus (= Aussagemöglichkeit): der Konjunktiv.

Konjunktiv Imperfekt Aktiv und Passiv

Nur keine Sorge! Der Konjunktiv Imperfekt ist der Modus, der am einfachsten zu erkennen ist. Sieh dir die folgenden Formen an; du erkennst sofort: Alle werden nach demselben Bauschema gebildet.

Aktiv:	laudare-**m**	videre-**m**	audire-**m**	trahere-**m**	esse-**m**
Passiv:	laudare-**r**	videre-**r**	audire-**r**	trahere-**r**	---

Merke: **Infinitiv Präsens Aktiv + Personalmorpheme des Aktivs**
(-m, -s, -t, -mus, -tis, -nt)
= Konjunktiv Imperfekt Aktiv

Infinitiv Präsens Aktiv + Personalmorpheme des Passivs
(-r, -ris, -tur, -mur, -mini, -ntur)
= Konjunktiv Imperfekt Passiv

Im Passiv ergibt das für die fünf Konjugationsklassen folgende Formenreihen:

a-Konjugation	*e-Konjugation*	*i-Konjugation*	*gemischte K.*	*konsonantische K.*
laudare-r	videre-r	audire-r	trahere-r	capere-r
laudare-ris	videre-ris	audire-ris	trahere-ris	capere-ris
laudare-tur	videre-tur	audire-tur	trahere-tur	capere-tur
laudare-mur	videre-mur	audire-mur	trahere-mur	capere-mur
laudare-mini	videre-mini	audire-mini	trahere-mini	capere-mini
laudare-ntur	videre-ntur	audire-ntur	trahere-ntur	capere-ntur

1 Kannst du gut beobachten? Unterstreiche in der folgenden Formensammlung alle Formen des Konjunktivs Imperfekt.

docet – aperiam – irem – venires – movemus – posset – fugiam – adessemus – geretis – regeretis – prohibent – cuperent – faceret – praebete – laudabuntur – explerentur – scribuntur – superamini – neglegeremini – regeris – premereris – legeris – relinqueremur – ostendete – opprimerer – paratur – pararetur

Was aber wird im Lateinischen mit dem Konjunktiv Imperfekt **ausgedrückt**? Wir wollen uns hier zunächst auf zwei Verwendungsarten beschränken. Der Konjunktiv Imperfekt erscheint häufig

- in Satzgefügen, bei denen der Gliedsatz/Nebensatz mit ***si*** („wenn") bzw. ***nisi*** („wenn nicht") eingeleitet wird;
- in Hauptsätzen, die mit der Partikel ***utinam*** („wenn doch") bzw. ***utinam ne*** („wenn doch nicht") eingeleitet werden.

Nisi tam ignavi ***essetis***,	(Adverbialsatz)	**Wenn** ihr **nicht** so faul ***wäret***,
amici vos non ***irriderent***.	(Hauptsatz)	***verspotteten*** euch die Freunde nicht.

In diesem Beispielsatz siehst du, dass das Satzgefüge aus einem Bedingungssatz (eingeleitet mit *nisi*) und einem Folgerungssatz besteht. Der in ihm verwendete **Konjunktiv Imperfekt** macht deutlich, dass der Inhalt des Satzgefüges sich auf ein Geschehen in der **Gegenwart** richtet und dieses als unwirklich **(irreal)** kennzeichnet. Es handelt sich um ein **irreales Bedingungsgefüge der Gegenwart**, in dem der Bedingungssatz ein Adverbialsatz und der Folgerungssatz der Hauptsatz ist.

Utinam ne tam ignavi ***essetis***!	**Wenn** ihr **doch nicht** so faul ***wäret***!/ ***Wäret*** ihr doch nicht so faul!

Der zweite Beispielsatz wird durch *utinam* eingeleitet. Diese Partikel macht sichtbar, dass ein **Wunschsatz** vorliegt. Der in ihm verwendete Konjunktiv Imperfekt kennzeichnet die Aussage auch hier als etwas, das sich in der Gegenwart abspielt und *irreal* ist. Es handelt sich um einen **unerfüllbaren/irrealen Wunschsatz der Gegenwart**.

Im Deutschen wird der lateinische Konjunktiv Imperfekt mit dem Konjunktiv des Präteritums wiedergegeben (z. B. „ich wäre"). Bei manchen deutschen Verben ist die Form des Konjunktivs Präteritum (der auch Konjunktiv II heißt) identisch mit dem Indikativ des Präteritums (z. B. „Wenn ihr nicht so wenig **arbeitetet, verspotteten** euch die Freunde nicht.") Zur Verdeutlichung wird im Folgerungssatz (nicht im Bedingungssatz!) und im Wunschsatz daher häufig auch die Umschreibung mit „würden" gewählt (s. o. den Beispielsatz 1 oder: Wenn ihr nicht so wenig arbeitetet, **würden** euch die Freunde nicht **verspotten.**/Wenn ihr doch nicht so wenig **arbeiten würdet**!/**Würdet** ihr doch nicht so wenig **arbeiten**!).
Utinam/utinam ne gibst du am besten mit „wenn doch"/„wenn doch nicht" wieder. Dann kann nichts schief gehen, obwohl im Deutschen das „wenn" auch fehlen kann (s. o. den Beispielsatz 2 und den letzten Beispielsatz in der vorhergehenden Klammer).

2 Wenn die Trojaner bloß auf ihn hören würden! Übersetze den folgenden lateinischen Text.

Der Priester Laokoon versucht die Trojaner davon abzubringen, das hölzerne Pferd in die Stadt zu bringen. Dabei sagt er:

„Utinam ne Sinoni fidem haberetis! Nam iste Graecus mendicus est! Utinam ne equus in oppidum traheretur! Nisi equum in oppidum traheretis, porta oppidi non deleretur. Vos, si moenia oppidi deletis, contra deos patrios agitis. Si mihi crederetis, patriam nostram servare possemus. Utinam equum dolum Graecorum esse intellegeretis! Nisi tam stulti essetis, Graeci oppidum nostrum expugnare non possent!"

Konjunktiv Präsens Aktiv und Passiv

Betrachten wir zunächst die **Bildungsweise**: Der Konjunktiv Präsens wird bei der e-, i-, konsonantischen und gemischten Konjugation mit Hilfe des Modusvokals ***-a-*** gebildet. Bei der a-Konjugation dagegen wird aus dem im Stamm schon vorhandenen ***-a*** ein ***-e***. Die Formen von ***esse*** werden mit dem Modusvokal ***-i-*** gebildet.
Das ergibt im **Präsens *Aktiv*** folgende Formenreihen:

a-Konjugation	***e-Konjugation***	***i-Konjugation***	***konsonantische K.***	***gemischte K.***
laud-**e**-m	vide-**a**-m	audi-**a**-m	reg-**a**-m	capi-**a**-m
laud-**e**-s	vide-**a**-s	audi-**a**-s	reg-**a**-s	capi-**a**-s
laud-**e**-t	vide-**a**-t	audi-**a**-t	reg-**a**-t	capi-**a**-t
laud-**e**-mus	vide-**a**-mus	audi-**a**-mus	reg-**a**-mus	capi-**a**-mus
laud-**e**-tis	vide-**a**-tis	audi-**a**-tis	reg-**a**-tis	capi-**a**-tis
laud-**e**-nt	vide-**a**-nt	audi-**a**-nt	reg-**a**-nt	capi-**a**-nt

esse
s-**i**-m
s-**i**-s
s-**i**-t
s-**i**-mus
s-**i**-tis
s-**i**-nt

Und nach dem bekannten Baukastensystem des Lateinischen erhalten die Formen des **Konjunktivs Präsens *Passiv*** folgendes Aussehen:

a-Konjugation	*e-Konjugation*	*i-Konjugation*	*konsonantische K.*	*gemischte K.*
laud-**e**-r	vide-**a**-r	audi-**a**-r	reg-**a**-r	capi-**a**-r
laud-**e**-ris	vide-**a**-ris	audi-**a**-ris	reg-**a**-ris	capi-**a**-ris
laud-**e**-tur	vide-**a**-tur	audi-**a**-tur	reg-**a**-tur	capi-**a**-tur
laud-**e**-mur	vide-**a**-mur	audi-**a**-mur	reg-**a**-mur	capi-**a**-mur
laud-**e**-mini	vide-**a**-mini	audi-**a**-mini	reg-**a**-mini	capi-**a**-mini
laud-**e**-ntur	vide-**a**-ntur	audi-**a**-ntur	reg-**a**-ntur	capi-**a**-ntur

3 **Einmal Konjunktiv und wieder zurück!** Versuche nun selbst die folgenden Indikativformen in den Konjunktiv zu setzen (linke Spalte) bzw. die Konjunktivformen wieder in den Indikativ zurückzuführen (rechte Spalte)!

Indikativ	**Konjunktiv**	**Konjunktiv**	**Indikativ**
venimus		*excitemini*	
parant		*eat* (s. Übung 4)	
curritis		*mittaris*	
habes		*adsimus*	
sum		*quaeramini*	
fugio		*nuntietur*	
conscendimus		*ducamur*	
legis		*pareamus*	
abestis		*fallaris*	
laboro		*occupentur*	

4 Das Verb ***ire*** bildet den Konjunktiv Präsens mit dem Stamm ***e-* + Modusvokal *-a-* + Personalmorphem**. Wie lauten die sechs Formen des Aktivs?

Was **drückt** nun der Konjunktiv Präsens **aus**? – Vieles und sehr Verschiedenes! Wir wollen uns deshalb hier zunächst auf die Verwendung dieses Konjunktivs in einem Gliedsatz/Nebensatz beschränken und auch in diesem Bereich nur eine Verwendungsart betrachten. Sieh dir dazu die folgenden Sätze und deren Übersetzung an.

(1) Iuppiter in terram se confert, **ut** Europae prope sit.	Jupiter begibt sich auf die Erde, **um** Europa nahe zu sein./ **damit** er Europa nahe ist.
(2) Iuppiter forma tauri adest, **ne** puellam terreat.	Jupiter ist in der Gestalt eines Stieres da, **um** das Mädchen nicht zu erschrecken./ **damit** er das Mädchen nicht erschreckt.
(3) „Taurus" oret, **ut** puella caput eius ornet.	Der „Stier" bittet(,) **dass** das Mädchen seinen Kopf schmückt./ das Mädchen, seinen Kopf **zu** schmücken.
(4) Puella postulat, **ne** amicis eripiatur.	Das Mädchen fordert, **dass** es den Freundinnen nicht entrissen wird./ den Freundinnen nicht entrissen **zu** werden.
(5) A puella petitur, **ut** dorsum tauri conscendat.	Vom Mädchen wird gewünscht/verlangt, **dass** es auf den Rücken des Stieres steigt./ auf den Rücken des Stieres **zu** steigen.

Diese Beispielsätze sind **Finalsätze**; sie werden, wenn sie bejaht sind, mit der Subjunktion (= unterordnenden Konjunktion) ***ut*** („dass"; „damit"), wenn sie verneint sind, mit der Subjunktion ***ne*** („dass nicht"; „damit nicht") eingeleitet. Nach ***ut*** und ***ne*** steht das Prädikat des Finalsatzes immer im **Konjunktiv**.

Sicherlich wirst du jetzt fragen, wann denn nun das *ut* mit „dass" und wann mit „damit" übersetzt wird. Sehen wir uns dazu die Sätze noch einmal genauer an. Im ersten und zweiten Beispielsatz wird mit dem Finalsatz jeweils eine **Absicht** wiedergegeben: Jupiter hat die **Absicht**, Europa nahe zu sein, und er **hat** nicht **vor**, das Mädchen zu erschrecken. Wenn eine Absicht ausgedrückt wird, dann wird das ***ut*** mit **„damit"** übersetzt.

Merke: Steht im übergeordneten **und** im abhängigen Satz **dasselbe Subjekt**, dann kannst du im Deutschen *ut* bzw. *ne* auch mit **„um ... zu" + Infinitiv** bzw. **„um ... nicht zu" + Infinitiv** wiedergeben.

Finalsätze, die eine Absicht ausdrücken, sind **Adverbialsätze**; sie nehmen im Satz die Stelle einer **adverbialen Bestimmung** ein.
Im dritten, vierten und fünften Beispielsatz wird demgegenüber ein **Wunsch** oder **Begehren** ausgedrückt: Der Stier wünscht, dass Europa ihm den Kopf schmückt, bzw. Europa fordert/begehrt, nicht den Freundinnen entrissen zu werden. Wenn solche Aussagen vorliegen, wird das ***ut*** mit **„dass"** wiedergegeben.

Begehrssätze stehen **nach Verben des Bittens, Forderns** und **Strebens** wie *rogare, persuadere, orare, monere, permittere, petere, optare, imperare*.
Begehrssätze haben im Satz, sofern das Prädikat des Hauptsatzes im **Aktiv** steht, die Stelle des **Objekts** inne. Steht das Prädikat des Hauptsatzes jedoch im **Passiv**, so nimmt der Begehrssatz die Stelle des **Subjekts** ein (s. Satz 5).

5 So, jetzt darfst du zeigen, dass du die vielen Erläuterungen verstanden hast. Übersetze die folgenden Sätze und gib jeweils an, ob es sich um einen Absichts- oder Begehrssatz handelt.

Caesar copias in Galliam ducere parat, ut Gallos et socios eorum superet. – ______

Milites admonet, ut bono animo sint. – ______

„Vos", inquit, „rogo, ut omnia pericula libenter suscipiatis. – ______

Rogo vos, ne in rebus adversis desperetis. – ______

Pugnate mecum, ut hostes vincamus! – ______

Etiam vos deos imploro. A vobis peto, ut nobis victoriam detis. – ______

Adiuvate nos, ut Alesia tandem deleatur et Galli vincantur!" – ______

LÖSUNGSHEFT

BESSER IN LATEIN

Grammatik
1./2. Lernjahr

von
Thomas K. von Kleinsorgen

Cornelsen
Power Learning

1. GRAMMATISCHER VORKURS

1 **Substantive:** dem Freund, der Nähe, die Schule, (in) die Schule, dem Sklaven, dem Weg, die Wohnung, (in) der Nähe, den Freund, dem Zimmer, dem Unterrichtsraum
Adjektive: ehemalig, griechisch, klein
Partizipien: geleitet
Personalpronomina: ihm, er
Demonstrativpronomina: diese
Possessivpronomina: seinem, seine, seinen, unserem
Interrogativpronomina: –
Relativpronomina: der, der, das
Verben: eilt, wohnt, wird, heißt, fragt, wohnt, liegt, ist, klärt ... auf, wohnt, liegt
Adverbien: frühmorgens, wo, immer, sehr, früh, da
Präpositionen: mit, bei, in, in, von, auf, in, in, hinter
Konjunktionen: –

2

Substantivform	Kasus	Numerus	Genus
dem Freund	Dativ	Singular	maskulinum
der Nähe	(Genitiv) Dativ	Singular	femininum
(in) die Schule	Akkusativ	Singular	femininum
die Schule	Nominativ	Singular	femininum
dem Sklaven	Dativ	Singular	maskulinum
dem Weg	Dativ	Singular	maskulinum
die Wohnung	Nominativ (Akkusativ)	Singular	femininum
(in) der Nähe	Dativ	Singular	femininum
den Freund	Akkusativ	Singular	maskulinum
dem Zimmer	Dativ	Singular	neutrum
dem Unterrichtsraum	Dativ	Singular	maskulinum

3

Verbformen	Person	Numerus dt.: Anzahl	Modus dt.: Aussageweise	Tempus dt.: Zeit	Genus verbi dt.: Handlungsart
ich bin getäuscht worden	1.	Singular	Indikativ	Perfekt	Passiv
sie hatten gewonnen	3.	Plural	Indikativ	Plusquamperfekt	Aktiv
er rannte	3.	Singular	Indikativ	Imperfekt	Aktiv
ihr werdet gelobt werden	2.	Plural	Indikativ	Futur (I)	Passiv
sie wäre entdeckt worden	3.	Singular	Konjunktiv II	(Plusquamperfekt)	Passiv
lauft!	2.	Plural	Imperativ	Präsens	Aktiv
wir werden arbeiten	1.	Plural	Indikativ	Futur (I)	Aktiv
du wirst gehört	2.	Singular	Indikativ	Präsens	Passiv
ihr werdet gesungen haben	2.	Plural	Indikativ	Futur (II)	Aktiv
er liebe	3.	Singular	Konjunktiv I	(Präsens)	Aktiv

4

Kasus	Modus	Genus	Tempus	Genus verbi	Numerus
Akkusativ	Imperativ	femininum	Futur	Aktiv	Plural
Dativ	Indikativ	maskulinum	Imperfekt	Passiv	Singular
Genitiv	Konjunktiv	neutrum	Perfekt		
Nominativ			Plusquam-perfekt		
			Präsens		

5

	Unvorsichtige	**Kinder**	**beißen**
Frage:	*Welche Kinder?*	*Wen beißen sie?*	*Was tun sie?*
Satzglied bzw. Aufgabe des Wortes im Satz:	Attribut zum Objekt	Objekt	Prädikat
	häufig	**Hunde.**	
	Wann?	*Wer tut etwas?*	
	Adverbiale der Zeit	Subjekt	

6

	Früh morgens	**eilt**	**Gaius**
Frage:	*Wann?*	*Was macht er?*	*Wer eilt?*
Satzglied bzw. Aufgabe des Wortes im Satz:	Adverbiale der Zeit	Prädikat	Subjekt
	mit seinem Freund Marcus,	**der**	**bei ihm**
	Mit wem?	*Wer tut etwas?*	*Bei wem?*
	Adverbiale der Begleitung	Subjekt des Nebensatzes	Adverbiale
	in der Nähe	**wohnt,**	**in die Schule.**
	Wo?	*Was macht er?*	*Wohin?*
	Adverbiale des Ortes	Prädikat	Adverbiale des Ortes
	Diese	**Schule**	**wird**
	Welche Schule?	*Wer?*	*Was wird getan?*
	Attribut zum Subjekt	Subjekt	Prädikat 1. Teil
	von einem ehemaligen griechischen Sklaven	**geleitet,**	**der**
	Von wem?	*Was wird getan?*	*Wer tut etwas?*
	Adverbiale des Urhebers	Prädikat 2. Teil	Subjekt des Nebensatzes
	Diomedes	**heißt.**	**Auf dem Weg**
		Was macht er?	*Wo?*
		Prädikat	Adverbiale des Ortes

	fragt	**Marcus:**	**Wo**
	Was macht er?	*Wer?*	*Wo?*
	Prädikat	Subjekt	Adverbiale
	wohnt	**Diomedes?**	**Liegt**
Frage:	*Was macht er?*	*Wer tut etwas?*	*Was macht er?*
Satzglied bzw. Aufgabe des Wortes im Satz:	Prädikat	Subjekt	Prädikat
	seine	**Wohnung**	**in der Nähe?**
	Welche Wohnung?	*Wer tut etwas?*	*Wo?*
	Attribut des Subjekts	Subjekt	Adverbiale des Ortes

2. INDIKATIV PRÄSENS AKTIV

1

sedemus	1. Person Plural Präsens Aktiv	wir sitzen
gaudes	2. Person Singular Präsens Aktiv	du freust dich
maneo	1. Person Singular Präsens Aktiv	ich bleibe, ich erwarte
spectatis	2. Person Plural Präsens Aktiv	ihr betrachtet
rides	2. Person Singular Präsens Aktiv	du lachst
appropinquat	3. Person Singular Präsens Aktiv	er/sie/es nähert sich
intro	1. Person Singular Präsens Aktiv	ich betrete, ich trete ein
clamant	3. Person Plural Präsens Aktiv	sie schreien, sie rufen
laboratis	2. Person Plural Präsens Aktiv	ihr arbeitet, ihr müht euch
pareo	1. Person Singular Präsens Aktiv	ich gehorche
tacemus	1. Person Plural Präsens Aktiv	wir schweigen
delectat	3. Person Singular Präsens Aktiv	er/sie/es erfreut sich
festino	1. Person Singular Präsens Aktiv	ich eile, ich beeile mich
statis	2. Person Plural Präsens Aktiv	ihr steht
salutant	3. Person Plural Präsens Aktiv	sie grüßen, sie begrüßen
habemus	1. Person Plural Präsens Aktiv	wir haben
vocas	2. Person Singular Präsens Aktiv	du rufst
respondent	3. Person Plural Präsens Aktiv	sie antworten

2

sedeo	paremus
gaudetis	taceo
manemus	delectant
spectas	festinamus
ridemus	stas
appropinquant	salutat
intramus	habeo
clamat	vocatis
laboras	respondet

3

Konj.-Kl.	1. Sg.	2. Sg.	3. Sg.	1. Pl.	2. Pl.	3. Pl.
e-Konj.	moneo	mones	monet	monemus	monetis	monent
gem. K.	capio	capis	capit	capimus	capitis	capiunt
kons. K.	traho	trahis	trahit	trahimus	trahitis	trahunt
gem. K.	rapio	rapis	rapit	rapimus	rapitis	rapiunt
e-Konj.	fleo	fles	flet	flemus	fletis	flent
kons. K.	peto	petis	petit	petimus	petitis	petunt

4 du ermahnst
ihr fangt
ich ziehe/schleppe
er/sie/es raubt
wir weinen
sie erbitten/streben nach

5 venire: venio venis venit venimus venitis veniunt
aperire: aperio aperis aperit aperimus aperitis aperiunt

3. DAS SUBSTANTIV

1 Viri accubant. – Die Männer liegen zu Tisch.
Filius sedet. – Der Sohn sitzt.
Puella stat. – Das Mädchen steht.
Servi ministrant. – Die Sklaven bedienen.
Magister docet. – Der Lehrer unterrichtet.
Liberi repondent – Die Kinder antworten.
Puer ridet. – Der Junge lacht.
Amici gaudent. – Die Freunde freuen sich.

2 Marcus amicus bonus sunt.
Fehler: Das Subjekt steht im Singular, das Prädikat im Plural. Der Numerus stimmt nicht überein. Es muss heißen: *Marcus amicus bonus **est**.*
Übersetzung: Marcus ist ein guter Freund.

Cornelia et Iulia appropinquant.
Übersetzung: Cornelia und Julia nähern sich.

Caecilia mater bona est.
Fehler: Fehlanzeige! Alles richtig!
Übersetzung: Caecilia ist eine gute Mutter.

Pater severus est.
Fehler: Fehlanzeige! Alles richtig!
Übersetzung: Der Vater ist streng.

Mater benignus est.
Fehler: Das Genus stimmt nicht überein: *mater* ist feminin, *benignus* hat die maskuline Endung. Es muss heißen: *Mater benigna est.*
Übersetzung: Die Mutter ist gütig.

Apollodorus et Syrus servus fidus sunt.
Fehler: Der Numerus stimmt nicht überein. Apollodorus und Syrus sind zwei Personen (= Plural), also muss auch der Prädikatsblock im Plural stehen. Es muss also heißen: *Apollodorus et Syrus servi fidi sunt.*
Übersetzung: Apollodorus und Syrus sind treue/zuverlässige Sklaven.

3

magistri	magistrorum	templi	templorum
virorum	viri	oratorum	oratoris
victoris	victorum	pecuniae	pecuniarum
viarum	viae	equi	equorum

4 matri – ist Dativ Singular, alle anderen Wörter stehen im Genitiv
amoris – ist als einziges Wort der Reihe Genitiv Singular
puellarum – ist femininum, alle anderen Wörter sind maskulinum
ibi – ist ein Adverb, alle anderen Wörter sind Nomina
tibi – ist ein Pronomen und steht im Dativ, alle anderen Wörter sind Nomina und stehen im Genitiv
incolae – ist als einziges Wort der Reihe maskulinum

5
1. Pueri puellaeque templa deorum spectant. – Die Jungen und Mädchen betrachten die Tempel der Götter (= Göttertempel). Bedeutungsbereich: possessivus
2. Quis vestrum deos Romanos non ignorat? – Wer von euch kennt die römischen Götter ganz genau?
   Bedeutungsbereich: partitivus
3. Ubi terrarum sunt tot aedificia praeclara? – Wo auf der Welt gibt es so viele berühmte Gebäude?
   Bedeutungsbereich: partitivus
4. Amicus aedificia fori laudavit. – Der Freund lobte die Gebäude des Forums.
   Bedeutungsbereich: possessivus
5. Prope forum puer equo magnam copiam frumenti dat. – Nahe beim Forum gibt der Junge dem Pferd eine große Menge Getreide. Bedeutungsbereich: partitivus

6

1. amor patris	– die Liebe des Vaters, Bed.-Ber.: subiectivus – die Liebe zum Vater, Bed.-Ber.: obiectivus
2. fuga puellarum	– die Flucht der Mädchen, Bed.-Ber.: subiectivus – die Flucht vor den Mädchen, Bed.-Ber.: obiectivus
3. timor lupi	– die Furcht des Wolfes, Bed.-Ber.: subiectivus – die Furcht vor dem Wolf, Bed.-Ber.: obiectivus
4. cupiditas gloriae	– die Begierde des Ruhmes, Bed.-Ber.: subiectivus – die Begierde nach Ruhm, Bed.-Ber.: obiectivus
5. imperium populi Romani	– die Herrschaft des römischen Volkes, Bed.-Ber.: subiectivus – die Herrschaft über das römische Volk, Bed.-Ber.: obiectivus
6. dolor iniuriae	– der Schmerz des Unrechts, Bed.-Ber.: subiectivus – der Schmerz über das Unrecht, Bed.-Ber.: obiectivus
7. bellum Germanorum	– der Krieg der Germanen, Bed.-Ber.: subiectivus – der Krieg gegen die Germanen, Bed.-Ber.: obiectivus

7

Nominativ Singular	**Dativ Singular**	**Dativ Plural**
victor	victori	victoribus
vita	vitae	vitis
mater	matri	matribus
periculum	periculo	periculis
venator	venatori	venatoribus
asinus	asino	asinis

8 Nicht im Dativ stehen:
domini – ibi – servi – ceno – equi – rego – ego – matris – incola – horti – impero – periculi – laboro – amoris – cibi – equito – terroris
Der Lösungsspruch lautet: Discere mihi placet. – Lernen gefällt mir.

9 Lucius schickt seinem Freund ein Geschenk.
Valeria schreibt ihrer Freundin einen Brief.
Cornelia hilft ihrer Freundin.
Später widmen sich die Mädchen den Wisssenschaften.
Marcus nähert sich dem Pferd.
Es ist Marcus erlaubt zu reiten./Marcus darf reiten.
Arbeiten nützt allen.

10 Die Sklavinnen bereiten für Rufus eine Mahlzeit.
Sol/Die Sonne leuchtet für alle.
Der Mensch ist dem Menschen ein Wolf.

11 Ich besitze ein großes Landhaus.
Marcus hat/besitzt viele Tauben.
Alle Menschen haben Ähnlichkeit mit Gott.

12 Mane Marcus surgit, nam **equis** (Objekt) cibum dare vult. Statim **stabulo** (Objekt) appropinquat. Equus albus **Marco** (Prädikatsnomen) est, equus niger **amicae/sorori** (Prädikatsnomen). Etiam **patri** (Prädikatsnomen) multi et praeclari equi sunt. Itaque pater venit et **Marco/filio** (Objekt) adest. Sic pater et filius **equis cunctis** (Adverbiale/adverbiale Bestimmung) cibum parant.

Übersetzung: Früh steht Marcus auf, denn er will den Pferden Futter geben. Sofort nähert er sich dem Stall. Marcus hat/besitzt ein weißes Pferd, seine Freundin/Schwester ein schwarzes Pferd. Auch sein Vater hat viele, berühmte Pferde. Deshalb kommt der Vater und hilft Marcus/seinem Sohn. So bereiten der Vater und sein Sohn für alle Pferde das Futter vor.

13

	Akk. Sg.	**Akk. Pl.**
arbor	arborem	arbores
filia	filiam	filias
mater	matrem	matres
oraculum	oraculum	oracula
dominus	dominum	dominos

14

magistros	magistrum	templa	templum
virum	viros	oratores	oratorem
victorem	victores	pecuniam	pecunias
vias	viam	equum	equos

15 interdum – ist ein Adverb
convivas – ist als einziges Wort maskulinum
laudas – ist ein Verb
ancillas – ist als einziges Wort femininum
aedificas – ist ein Verb

16 Cornelia betritt das Forum.
Dort sieht sie ihre Freundinnen.
Die Freundinnen betrachten die Tempel.
Die Freundinnen kosten Speisen.

17 Der Herr eilt über das Forum zu den Thermen.
Marcus betritt durch die Tür die Thermen.
Sklaven tragen Speisen in die Thermen.
Viele Sklaven eilen an den Männern vorbei.
Die Sklaven arbeiten den ganzen Tag.

18 Lucius totum diem ambulat. – Lucius geht den ganzen Tag spazieren.
Sg.: Adverbiale
Equi in campum currunt. – Die Pferde laufen auf das Feld. Sg.: Adverbiale
Liberi gallum non timent. – Die Kinder fürchten den Hahn nicht. Sg.: Objekt
Domina dolet. – Die Herrin ist betrübt. Sg: –
Cornelia ad amicam properat. – Cornelia eilt zu ihrer Freundin. Sg.: Adverbiale
Quintus templum intrat. – Quintus betritt den Tempel. Sg.: Objekt
Gallus canit. – Der Hahn kräht. Sg.: –
Pueri equos terrent. – Die Jungen fürchten die Pferde. Sg.: Objekt
Domina ancillas vituperat. – Die Herrin tadelt die Mägde. Sg.: Objekt
Convivae horas multas laeti sunt. – Die Gäste sind viele Stunden fröhlich.
Sg.: Adverbiale
Orator tacet. – Der Redner schweigt. Sg.: –

19 1. Denkmaal läuft zum Lager der Römer.
2. Denkmaal geht am Lager der Römer vorbei.
3. Plötzlich läuft er ins Lager der Römer.
4. Denkmaal treibt die Römer durchs Tor.
5. Die Römer flüchten unter die Bäume des Waldes.

4. DIE LATEINISCHEN KASUS

1

	Abl. Sg.	Abl. Pl.
arbor	arbore	arboribus
filia	filia	filiis
mater	matre	matribus
oraculum	oraculo	oraculis
dominus	domino	dominis

2

magistro	magistris	templis	templo
viro	viris	oratoribus	oratore
victore	victoribus	pecuniis	pecunia
viis	via	equo	equis

3 Ablative sind: filio – dominis – puero – cena – equis – periculis – patribus – villa – labore – hortis – morbo – impero – fabulis – victoribus – periculo – gallis – doloribus – asinis – cibo – terrore

4 1. Die Kinder und Sklaven stehen in der ersten Stunde auf. – Bedeutungsbereich: temporalis
2. Lucius und Marcus eilen mit ihren Freunden[1] zur Schule im benachbarten Dorf[2]. – Bedeutungsbereich: [1]sociativus, [2]locativus
3. Marcus lernt mit großer Mühe griechische Worte. – modalis

4. Die Sklaven arbeiten auf dem Feld. – locativus
5. Einige Sklaven bewachen die Pferde auf dem Feld. – locativus
6. Die Pferde laufen mit großer Schnelligkeit (= sehr schnell). – modalis
7. Plötzlich ist ein Wolf auf dem Feld. – locativus
8. Die Sklaven wehren mit langen Speeren den Wolf ab. – instrumentalis
9. Dann führen sie die Pferde vom Feld in den Stall. – separativus
10. Nach der Schule wandern die Kinder nach Hause.
11. Die Kinder lassen sich unter einem großen Baum nieder. – locativus
12. Marcus sitzt im Baum. – locativus

5 gladiis – Die einen Gladiatoren töten die anderen (Gladiatoren) mit Schwertern.
dono – Der Freund erfreut den Freund mit einem Geschenk.
pecunia – Die Sklaven beraubten immer wieder den Herrn seines Geldes.
magna cum cura – Der Verwalter sorgt mit großer Umsicht für das Landgut.
incendio – Manchmal zerstörten verbrecherische Menschen Häuser durch einen Brand.
octava hora – Rufus kehrt in der achten Stunde zurück.

6
1. Denkmaal ist im Wald.
2. Dort erwartet er mit seinen Freunden die Römer.
3. Plötzlich betreten einige Römer ohne den Hauptmann (Zenturio) den Wald.
4. Die Römer stehen unter den dichten Bäumen und unterhalten sich.
5. Denkmaal und seine Freunde springen von den Bäumen herab und überfallen die Römer.
6. Die Römer fliehen/flüchten aus dem Wald.

7 Der Onkel ruft:
„Wo seid ihr, Marcus und Lucius?
Cornelia, Rufilla, kommt!
Warum kommt ihr nicht, Jungen und Mädchen?
O Forum, warum bist du so groß?
Beim Hercules, warum kommen die Kinder nicht?“

5. DAS ADJEKTIV

1

1. **Viele** Freunde sind anwesend.	Satzglied: Attribut des Subjekts
2. Die Tempel sind **hochberühmt**.	Satzglied: Prädikatsnomen
3. Marcus ist ein **guter** Herr.	Satzglied: Attribut des Prädikatsnomens
4. **Das Gute** siegt nicht immer.	Satzglied: Subjekt

2

Nom. Sg.	bonus	bona	bonum
Gen. Sg.	boni	bonae	boni
Dat. Sg.	bono	bonae	bono
Akk. Sg.	bonum	bonam	bonum
Abl. Sg.	bono	bona	bono
Nom. Pl.	boni	bonae	bona
Gen. Pl.	bonorum	bonarum	bonorum
Dat. Pl.	bonis	bonis	bonis
Akk. Pl.	bonos	bonas	bona
Abl. Pl.	bonis	bonis	bonis

Nom. Sg.	pulcher	pulchra	pulchrum
Gen. Sg.	pulchri	pulchrae	pulchri
Dat. Sg.	pulchro	pulchrae	pulchro
Akk. Sg.	pulchrum	pulchram	pulchrum
Abl. Sg.	pulchro	pulchra	pulchro
Nom. Pl.	pulchri	pulchrae	pulchra
Gen. Pl.	pulchrorum	pulchrarum	pulchrorum
Dat. Pl.	pulchris	pulchris	pulchris
Akk. Pl.	pulchros	pulchras	pulchra
Abl. Pl.	pulchris	pulchris	pulchris

3 puella bona
amicam bonam
servae bonae
incolae (!) boni, bono, boni
matribus bonis
custodem bonum
facta bona
feminarum bonarum
pueri boni
agricolis bonis
oratori bono
regum bonorum
equos bonos
amico bono
vinorum bonorum
patris boni
victorum bonorum
imperatores boni, bonos

4 Die Fehler sind unterstrichen:
amico bono
patri <u>boni</u> → bono
amicae laetae
amorem <u>novam</u> → novum
periculis magnis
agricola <u>bona</u> → bonus, bono
arbore <u>alto</u> → alta
incolas <u>multas</u> → multos
puellarum <u>pulchrum</u> → pulchrarum
matrum <u>bonum</u> → bonarum
laboris <u>novis</u> → novi
horti magni

6. INDIKATIV PRÄSENS PASSIV

1 videmur – terreor – docetur – curaris – praebentur
rogamini – dantur – excitamur – laudor – moveris
occupatur – retineor – implentur – manemini – donor

2

excitan-tur	3. Pers. Plural Präsens Passiv
incita-ris	2. Pers. Singular Präsens Passiv
visit-or	1. Pers. Singular Präsens Passiv
vide-mini	2. Pers. Plural Präsens Passiv
move-mur	1. Pers. Plural Präsens Passiv
rog-or	1. Pers. Singular Präsens Passiv
retine-mini	2. Pers. Plural Präsens Passiv
terre-ris	2. Pers. Singular Präsens Passiv
porta-mur	1. Pers. Plural Präsens Passiv
imple-tur	3. Pers. Singular Präsens Passiv

3
1. Marcus und Lucius wandern zur Schule.
2. Marcus sagt: „Ich gehe gern in die Schule.
3. Immer werden wir vom Lehrer durch neue Geschichten erfreut. (Immer erfreut uns der Lehrer mit neuen Geschichten.)“
4. Lucius antwortet: „Du wirst oft gelobt, ich werde vom Lehrer immer getadelt (mich tadelt der Lehrer immer).
5. Deshalb wird der Lehrer von mir gefürchtet (Deshalb fürchte ich den Lehrer).
6. Plötzlich werden Marcus und Lucius vom Lehrer gerufen (Plötzlich ruft der Lehrer Marcius und Lucius).
7. „Marcus, Lucius, beeilt euch!

8. Ihr werdet von mir ermahnt (Ich ermahne euch), weil ihr langsam seid!"
9. Lucius sagt: „Nun wirst auch du vom Lehrer ermahnt (Nun ermahnt der Lehrer auch dich)!"

4

fugiuntur	ponor
opprimimini	falleris
ducitur	leguntur
contemnimur	vincior
reciperis	dimitteris

5 Marcus wird von seinem Freund Lucius eingeladen. Er nähert sich Lucius Landhaus, die Tür steht offen, ein Sklave erscheint und sagt: „Schon lange wirst du erwartet (Schon lange erwartet man dich)." Darauf werden Lucius und seine Freundin Aemilia herbeigerufen. Marcus wird mit großer Freude begrüßt (Man begrüßt Marcus mit großer Freude). Du besuchst uns wenigstens, wenigstens von dir werden wir nicht vernachlässigt (wenigstens du vernachlässigst uns nicht). Unsere Eltern kümmern sich nämlich oft nicht um uns. Der Vater wird immer von Freunden weggerufen (Den Vater rufen oft Freunde weg), Mutter wird den ganzen Tag von Aufgaben in Anspruch genommen. Deshalb wirst du von uns immer und auch gern erwartet (Deshalb erwarten wir dich immer und gern)."

7. INDIKATIV IMPERFEKT AKTIV UND PASSIV

1

	lauda-re	**ama-re**	**fle-re**	**mane-re**
1. Sg.	laudabam	amabam	flebam	manebam
2. Sg.	laudabas	amabas	flebas	manebas
3. Sg.	laudabat	amabat	flebat	manebat
1. Pl.	laudabamus	amabamus	flebamus	manebamus
2. Pl.	laudabatis	amabatis	flebatis	manebatis
3. Pl.	laudabant	amabant	flebant	manebant

2 laborabatis – sumus – docebant – habitatis – temptabas
debetis – delebam – narramus – aderam – necant
pugnabat – soletis – visitabam – ades – cogitabatis

3 ihr arbeitetet, sie lehrten, du versuchtest,
ich zerstörte, ich war anwesend,
er/sie/es kämpfte, ich besuchte, ihr überlegtet

4 Die Trojaner befragten Sino lange.
Dido versuchte Aeneas zurückzuhalten.
Dort mussten Aeneas und die Trojaner immer wieder Gefahren bestehen.

5

Konj.-Klasse	**i-** **audi-re**	**kons.** **trah-e-re**	**gemischte** **fug(i)-e-re**
1. Sg.	audiebam	trahebam	fugiebam
2. Sg.	audiebas	trahebas	fugiebas
3. Sg.	audiebat	trahebat	fugiebat
1. Pl.	audiebamus	trahebamus	fugiebamus
2. Pl.	audiebatis	trahebatis	fugiebatis
3. Pl.	audiebant	trahebant	fugiebant

Konj.-Klasse	i-	kons.	gemischte
	veni-re	**lud-e-re**	**cap(i)-e-re**
1. Sg.	veniebam	ludebam	capiebam
2. Sg.	veniebas	ludebas	capiebas
3. Sg.	veniebat	ludebat	capiebat
1. Pl.	veniebamus	ludebamus	capiebamus
2. Pl.	veniebatis	ludebatis	capiebatis
3. Pl.	veniebant	ludebant	capiebant

6 **curr**ebam, currebas, currebat, currebamus, currebatis, currebant
(ich lief, du liefst, er/sie/es lief, wir liefen, ihr lieft, sie liefen)
aberam, aberas, aberat, aberamus, aberatis, aberant
(ich war abwesend, du warst abwesend, er/sie/es war abwesend, wir waren abwesend, ihr wart abwesend, sie waren abwesend)
audis, audit, audimus, auditis
(du hörst, er/sie/es hört, wir hören, ihr hört)
audiebam, audiebas, audiebat, audiebamus, audiebatis, audiebant
(ich hörte, du hörtest, er/sie/es hörte, wir hörten, ihr hörtet, sie hörten)
paras, parat, paramus, paratis, parant
(du bereitest vor, er/sie/es bereitet vor, wir bereiten vor, ihr bereitet vor, sie bereiten vor)
parabam, parabas, parabat, parabamus, parabatis, parabant
(ich bereitete vor, du bereitetest vor, er/sie/es bereitete vor, wir bereiteten vor, ihr bereitetet vor, sie bereiteten vor)
debes, debet, debemus, debetis, debent
(du musst, er/sie/es muss, wir müssen, ihr müsst, sie müssen)
debebam, debebas, debebat, debebamus, debebatis, debebant
(ich musste, du musstest, er/sie/es musste, wir mussten, ihr musstet, sie mussten)
capis, capit, capimus, capitis
(du fängst, er/sie/es fängt, wir fangen, ihr fangt)
capiebam, capiebas, capiebat, capiebamus, capiebatis, capiebant
(ich fing, du fingst, er/sie/es fing, wir fingen, ihr fingt, sie fingen)

7 Aeneas erzählt: „Lange wurde das neue Land, das uns oft von Jupiter versprochen wurde, von mir an vielen Stellen gesucht. Wir nahmen immer wieder viele Gefahren auf uns (Von uns wurden immer wieder viele Gefahren auf uns genommen). Oft wurden viele Schiffe zerstört und viele Gefährten auf den Reisen getötet. Immer wieder versuchte uns Juno vom neuen Vaterland fernzuhalten. Endlich lassen wir uns nach vielen Schlachten in Italien nieder."

8. INDIKATIV PERFEKT AKTIV UND PASSIV

1

voco	vocavi: voca-v-i
desum	defui: defu-i
oboediunt	oboediverunt: oboedi-v-erunt
timent	timuerunt: tim-u-erunt
imperant	imperaverunt: impera-v-erunt
intras	intravisti: intra-v-isti
estis	fuistis: fu-istis
terremus	terruimus: terr-u-imus
dormio	dormivi: dormi-v-i

adsunt	adfuerunt: adfu-erunt
invitatis	invitavistis: invita-v-istis
sepelis	sepelivisti: sepeli-v-isti

2

venisti	venis	quaesivimus	quaerimus
fecit	facit	fefellimus	fallimus
cucurri	curro	dixit	dicit
vidi	video	dederunt	dant
cecinit	canit	scripsisti	scribis
deleverunt	delent	cepi	capio

3 ducimus – ist eine Präsensform
servi – ist ein Substantiv
capit – ist eine Präsensform
audimus – ist eine Präsensform

4 Marcus erzählt von Sizilien
Nach den Ferien fragte der Lehrer: „Wo bist du in den Ferien gewesen, Marcus?" Marcus antwortete: „Ich bin mit meinem Onkel in Sizilien (auf Sizilien) gewesen." Sofort eilte Marcus zur Tafel, zeigte Sizilien und erzählte den übrigen Jungen und Mädchen: „In alten Zeiten besiegten die Griechen die Einwohner Siziliens und vertrieben sie, erbauten große Gebäude und schöne Tempel und stellten Statuen der Götter und Göttinnen auf. Die Namen der Götter und Göttinnen liest man auf Tafeln. Damals trugen auf den Marktplätzen (Foren) der Städte viele Dichter ihre Lieder/Gedichte vor. In den Liedern/Gedichten priesen/verherrlichten sie die Taten tüchtiger Männer. Viel(es) habe ich in diesen Ferien mit meinem Onkel betrachtet, das Übrige wünsche ich zu einer anderen Zeit zu betrachten."

5 vocati sunt – vocaverunt – vocare
excitati sumus – excitavimus – excitare
apertae sunt – aperuerunt – aperire
ducta sunt – duxerunt – ducere
territa es – terruisti – terrere
invitatae estis – invitavistis – invitare
dictum est – dixit – dicere
spoliatus sum – spoliavi – spoliare
monstratum est – monstravit – monstrare
missus sum – misi – mittere

6 Ihr habt schon gehört, dass Troja nach vielen Jahren von den Griechen eingenommen worden war. Darauf/Dann wurde Odysseus, der schlaue Führer der Griechen, von den Göttern lange auf dem Meer herumgetrieben. Durch ungünstige (widrige) Winde wurde er von Troja zur Insel Polyphems, des Sohnes des Gottes Neptun, getrieben. Viele Gefährten (Genossen) des Odysseus wurden von Polyphem verschlungen. Schließlich fasste Odysseus einen schlauen Plan und blendete Polyphem. Darauf schrie der zornige Polyphem: „Von wem bin ich geblendet worden (Wer hat mich geblendet)?" Und Odysseus antwortete: „Von ‚Niemand'!" Denn Odysseus hatte Polyphem gesagt, dass er ‚Niemand' genannt werde (heiße). Schließlich wurden Odysseus und seine Gefährten von Schafen aus Polyphems Höhle getragen (Schließlich ließen sich Odysseus und seine Gefährten von Schafen aus Polyphems Höhle tragen).

9. INDIKATIV FUTUR I AKTIV UND PASSIV

1 visitabat – einzige Form im Imperfekt
eris – einzige Form im Futur
placebimus – einzige Form eines Wortes der e-Konjugation im Futur
navigabant – einzige Form im Imperfekt

2 manebis – laborabo – aberunt – donabis – terrebitis – movebimus – poterit – cogitabimus – adero – tolerabunt – adibimus – ibit

3 „Ich werde dir die Führer der Römer zeigen.
Du wirst eine Frau Lavinia haben/Du wirst Lavinia zur Frau haben.
Julus, dein Sohn, wird Alba Longa erbauen.
Deine Nachkommen werden den Ruhm deines Namens (ver)mehren.
Große (Bedeutsame) Städte werden von ihnen erbaut und erobert werden."

4 interrogabimur – nuntiabitur – videberis – necabuntur – visitabimini – terrebimur – exspectabitur – visitabor – superabimini – timebor – apportabuntur – spoliaberis

5 duces – ist als einzige Form Futur
aperit – einzige Form im Präsens
iubemus – einzige Form im Präsens (e-Konjugation)
eram – Imperfektform
sedes – einzige Form im Präsens (e-Konjugation)
moneris – einzige Form, die nur im Präsens (e-Konjugation) steht
haberis – einzige Form im Präsens (e-Konjugation)
erunt – einzige Form im Futur

6 agemus – custodieris – curres – fugient – facies – ducemini – geres – mittar – venietis – premam – ponent – munietur

7

7	munis	muniebas	munies	munivisti
	tolerant	tolerabant	tolerabunt	toleraverunt
	sum	eram	ero	fui
	monet	monebat	monebit	monuit

8 „Du wirst die Stadt Lavinium gründen und deine Nachkommen (werden) Rom (gründen).
Die Römer werden viele Völker unter ihre Herrschaft bringen/zwingen.
Aber ihr werdet die Unterworfenen schonen und die Hochmütigen/Stolzen niederkämpfen.
So wird Rom das Haupt (die Hauptstadt) der Welt sein."

10. IMPERATIV

1 Caesar sagt: „Hört mich, Soldaten, und seid aufmerksam! Seid guten Mutes, denn wir werden heute siegen! Glaubt mir: Der Sieg wird uns gehören! Verzweifelt nicht! Wir sind noch nicht besiegt worden! Ruft die Götter für den Sieg an! Nun kämpft! Siegt!"

11. DAS ADVERB

1 acerbe – certe – egregie – divine – fide – horride – inique – iuste – male – optime

2
1. Die Trojaner nähern sich ängstlich dem hölzernen Pferd *(timide)*.
2. Dann sehen sie nahe beim Pferd einen ängstlichen Mann *(timidum)*.
3. Der griechische Mann (= Grieche) gibt den Trojanern vorsichtige Antworten *(cauta)*.
4. Die Trojaner ziehen das Pferd vorsichtig in die Stadt *(caute)*.
5. Das hölzerne Pferd kann mitten auf dem Forum sehr gut gesehen werden *(optime)*.
6. Die Griechen nehmen die gut befestigte Stadt ein und Odysseus sagt *(bene)*:
7. „Ich habe einen sehr guten Mann am Strand zurückgelassen *(optimum)*."

12. DIE PRONOMINA

1 Wem schenken die Trojaner am Strand Glauben?
Welchem Gott schenkt Aeneas besonders Vertrauen?
Welche Geschichte erzählt Aeneas Dido?
Wen heiratet Aeneas in Italien?
Von wem wird das hölzerne Pferd gebaut?
Von welchem Griechen werden die Trojaner getäuscht?

2 1. Der Hirte, der ...
2. Der Hirte, dessen ...
3. Die Junge, denen ...
4. Die Wölfin, die ...
Es besteht Übereinstimmung in Numerus und Genus.

3 1. Der Lehrer sagt: „Trag die Geschichte vor, die ich euch erzählt habe!"
2. Das Mädchen antwortet: „Ich kenne die Geschichte nicht, aber ich kann schöne Lieder singen, die du uns gelehrt (beigebracht) hast."
3. Der Lehrer sagt: „Nun zeigt die Buchstaben, die auf (in) euren Tafeln stehen."
4. Die Jungen und Mädchen gehorchen, denn sie fürchten den Stock, mit dem der Schullehrer die Kinder schlägt.
5. Manchmal bringt der Lehrer Zuckerplätzchen mit, mit denen er die eifrigen (fleißigen) Schüler erfreut.

4 1. Der Mann, der Romulus und Remus entdeckte, wurde Faustulus genannt/hieß Faustulus *(qui)*.
2. Die Wölfin, von der Romulus und Remus genährt wurden, floh in den Wald *(a qua)*.
3. Faustulus trug Romulus und Remus zur Hütte, in der er mit Faustina wohnte *(in qua)*.
4. Faustina, die sehr fürsorglich war (die von großer Fürsorge war), erzog die Jungen *(quae)*.
5. Faustulus erzählte den Hirten, die ihn besuchten, von den Brüdern Romulus und Remus *(qui)*.

13. NOCH MEHR PRONOMINA

1

	hic	**iste**	**ille**
puellam	hanc	istam	illam
puerorum	horum	istorum	illorum
labores (!)	hi, hos	isti, istos	illi, illos
regis	huius	istius	illius
filiae (!)	huius, huic, hae	istius, isti, istae	illius, illi, illae
virum	hunc	istum	illum
legum	harum	istarum	illarum
servi (!)	huius, hi	istius, isti	illius, illi
proelia			

2 Zur Zeit des Augustus lebten in Rom zwei sehr berühmte Dichter: Publius Vergilius Maro und Publius Ovidius Naso. Dieser wurde von Kaiser Augustus in die Verbannung geschickt, jener von Augustus verherrlicht/gefeiert. Jener besang Führer, Weiden und Landleben, dieser Lieben/Liebschaften und Metamorphosen (neue Körperformen). Dieser starb in Tomi, einem äußerst schroffen, am

Schwarzen Meer liegenden Ort, jener in Parthenope, einer Stadt, die heute Neapel genannt wird (heißt).

3 Caesar ipse aparuit. – Caesar erschien persönlich.
Hostes castra in ripa ipsa posuerunt. – Die Feinde schlugen das Lager unmittelbar am Ufer auf.
Caesaris nomen ipsum hostes timore affecit. – Allein schon Caesars Name flößte den Feinden Furcht ein.
Hoc ipsum Caesar animadvertit. – Genau dies bemerkte Caesar.
Itaque Caesar hunc ipsum timorem praesentia auxit. – Deshalb vergrößerte Caesar gerade diese Furcht durch seine Anwesenheit.

4 Sicherlich kennt ihr Hercules. Dieser Mann musste viele Gefahren ertragen, denn Hera setzte ihm hart zu/bedrängte ihn *(eum)*. Obwohl Jupiter sein Vater war, konnte er ihm nicht helfen *(eius; ei)*. Berühmt sind seine Taten, die der König Eurystheus ihm auferlegte *(eius; ei)*. Hercules tötete viele gräßliche Tiere und zähmte die Pferde, die Menschen fraßen/verschlangen *(eos)*

5 **Das Streitgespräch zwischen Niobe und ihren Töchtern:**
Niobe fragt: „Was tut/macht ihr?"
Die Töchter antworten: „Wir schmücken den Altar der Göttin Latona, denn bald werden wir ihren Festtag feiern (bald feiern wir ihren Festtag).
Wir sind durch die Sorge der Göttin wohlbehalten (uns geht es ... gut)."
Niobe erwiderte: „Ihr alle seid nicht durch die Sorge der Göttin, sondern durch meine Sorge wohlbehalten (Euch allen geht es ...).
Dankt mir, nicht der Göttin!"
Die Töchter entgegneten: „Wir sind dir immer dankbar, immer ist die Liebe zu dir bei uns groß. Aber: Latona ist eine Göttin!"
Nioba sagte: „Ich habe sieben Söhne und sieben Töchter, Latona hat nur einen Sohn und eine Tochter!"
Auch die Göttin Latona hört natürlich von diesem Gespräch und ist über Nioba erzürnt:
„Du bist eine Sterbliche, ich eine Göttin! Deshalb müsst ihr mir opfern (Opfer darbringen).
Jetzt haben wir, ich und meine Kinder, die Pflicht, euch zu bestrafen."

6 Niobe beleidigt die Göttin Latona.
Deshalb ruft Latona Diana und Apollon zu sich und sagt ihnen:
„Niobe beneidet mich und beleidigt mich.
Bestraft die hochmütige Frau, denn Niobe hält sich für eine Göttin!"
Apollo und Diana töten die Söhne und Töchter Niobes mit Pfeilen/durch Pfeile.
Die Kinder können sich nicht verteidigen.
Auch Niobe kann ihnen nicht zu Hilfe kommen.

14. SATZWERTIGE KONSTRUKTIONEN

1 Cornelia sieht, dass die/ihre Freundin kommt (Cornelia sieht ihre Freundin kommen).
Die Freundin sieht, dass die Tür geöffnet ist/offen ist.
Plötzlich hört Cornelia, dass die/ihre Freundin ruft (Plötzlich hört Cornelia ihre Freundin rufen).
Cornelia sieht, dass eine Taube vor der Tür sitzt (Cornelia sieht eine Taube vor der Tür sitzen).

Cornelia befiehlt, dass die Freundin durch die geöffnete/offene Tür eintritt (Cornelia fordert ihre Freundin auf, durch die geöffnete Tür einzutreten).
Aber die Freundin ruft, dass die Taube ein wildes Tier ist.
Jetzt erkennt Cornelia, dass die/ihre Freundin die Taube fürchtet.

2 Lucius erzählt seiner Mutter, dass sein Freund Marcus krank ist.
Die Mutter befiehlt, dass Lucius Marcus besucht (Die Mutter befiehlt Lucius Marcus zu besuchen. Die Mutter fordert Lucius auf, Marcus zu besuchen).
Marcus freut sich sehr, dass Lucius kommt.
Der Vater verbietet, dass Lucius und Marcus im Hof spielen (... verbietet Marcus und Lucius im Hof zu spielen).
Später hörte der Vater, dass die Jungen trotzdem im Hof liefen. Der Vater sah, dass Marcus sogar ein Pferd bestieg. Darauf befahl der Vater, dass ein Sklave Marcus rief. Auch Lucius hörte, dass der erzürnte Vater Marcus rief.

3 Der Lehrer erzählt, dass Hercules viele Arbeiten ausgeführt hat.
Hercules hörte, dass sich die Hydra in einem dichten Wald verborgen hatte.
Die Schüler und Schülerinnen wissen, dass Hercules die Hydra durch eine List getötet hat.
Der Lehrer erzählte, dass Hercules auch einen wilden Eber gefangen hatte.
Die Einwohner meldeten, dass der wilde Eber auf dem Berg Erymanthus die Felder verwüstet hatte.
Die Schüler und Schülerinnen freuen sich darüber, dass der König Eurystheus sich in einer Vase verborgen hat.

4 Marcus wünscht, dass andere Geschichten über Hercules erzählt werden.
Der König Eurystheus befahl, dass die Ställe des Königs Augias gereinigt wurden.
Alle Einwohner Griechenlands wollten, dass der wilde Löwe von Hercules getötet wurde.
Alle Schüler und Schülerinnen wissen genau, dass Hercules zu den Göttern gezählt wird.
Immer wieder sahen die Griechen, dass Hercules im Tempel verehrt wurde.

5 Der Lehrer erzählte, dass Hercules vom König Augias zum Berg Erymanthus geschickt worden war.
Iolaus freute sich, dass die Hydra getötet worden war.
Hercules hörte, dass Menschen im Königreich des Diomedes von Pferden verschlungen wurden.
Wir alle wissen, dass der König Diomedes von Hercules besiegt und ebenso von seinen Pferden verschlungen worden war.
Der König Eurystheus hörte, dass der Cerberus aus der Unterwelt herbeigebracht worden war.
Deshalb wurde er von Furcht erfüllt.
Die Schüler und Schülerinnen lasen, dass Hercules von allen Einwohnern gelobt worden war.

6 Es ist bekannt, dass Hercules viele Tiere getötet hat.
Es geht die Sage, dass Hercules als kleiner Junge von zwei Schlangen überfallen worden ist.
Den Göttern war bekannt, dass Hercules von Juno nicht geliebt wurde.
Es ist bekannt, dass viele Tempel für Hercules gebaut worden sind.
Es steht fest, dass Hercules in vielen Ländern von den Menschen verehrt worden ist.

7 Lange hielten die Trojaner das von Odysseus erbaute Pferd für ein Geschenk der Götter (Lange hielten die Trojaner das Pferd, das von Odysseus erbaut worden ist, für ein Geschenk der Götter).
Die aus dem Pferd befreiten Griechen öffneten die Tore Trojas (Die Trojaner, die aus dem Pferd befreit worden waren, öffneten die Tore Trojas).
Viele Griechen drangen durch die geöffneten Tore in die Stadt ein, töteten die Trojaner und zerstörten schließlich Troja.
Lange suchte Aeneas in dem zerstörten Troja seine Gattin Creusa.

8 Hercules wurde von den Einwohnern Griechenlands zu Hilfe gerufen und erschien deshalb/darauf sofort.
Denn die Einwohner wurden von einem wilden Eber bedrängt und baten deshalb Hercules um Hilfe.
Der Eber wurde von Hercules gefunden und suchte darauf/deshalb sein Heil in der Flucht.
Der Eber wurde von Hercules bedrängt und gefangen und darauf in den Hof des Königs getragen.

9 Nachdem/Weil Hercules von den Einwohnern Griechenlands zu Hilfe gerufen worden war, erschien er sofort.
Weil nämlich die Einwohner von einem wilden Eber bedrängt worden waren, baten sie Hercules um Hilfe.
Nachdem/Weil der Eber von Hercules gefunden worden war, suchte er sein Heil in der Flucht.
Nachdem der Eber wurde von Hercules bedrängt und gefangen worden war, wurde er in den Hof des Königs getragen.

10 Nach seiner Gefangennahme durch Hercules wurde der Eber in den Hof des Königs getragen.

11 Wenn/nachdem sie in die Provinzen geschickt worden waren, blieben viele Römer dort.
Manchmal überfielen barbarische Stämme die Römer, die in die Provinz geschickt worden waren (wenn sie ... geschickt worden waren), und bestürmten die römischen Kolonien.
Die Römer aber fürchteten die Feinde nicht, obwohl sie mit Schwertern bewaffnet waren.
Und so wurden die Kolonien nicht erorbert, weil sie von den Römern verteidigt worden waren.
Einige Barbaren wurden nach ihrer Gefangennahme durch die Römer nach Rom gebracht und in den Kerker geschickt.

15. INDIKATIVISCHE GLIEDSÄTZE

1

inhaltliche Aussage	latein. Subjunktion	deutsche Bedeutung	Aufgabe im Satz
kausal	quod	da, weil	Adverbialsatz
temporal	postquam	nachdem	Adverbialsatz
	ubi	sobald	Adverbialsatz
	dum	während, solange	Adverbialsatz
	cum	(jedes Mal) wenn, als (plötzlich)	Adverbialsatz
konzessiv	quamquam	obwohl, obgleich	Adverbialsatz

2 **Die Römer rauben die Töchter der Sabiner**

Nachdem Romulus Rom gegründet hatte, rief er viele Männer und Bauern in die neue Stadt. Weil Romulus und seinen Gefährten Ehefrauen fehlten, lud Romulus die Sabiner, die in der Nähe wohnten, mit Frauen und Töchtern zu Spielen nach Rom ein. Sobald die Sabiner und Sabinerinnen sich niedergelassen und die Spiele betrachtet hatten, überfielen die Römer mit lautem Geschrei die Gäste und raubten die Gattinnen und Töchter der Sabiner. Während die Sabiner planten, gegen die Römer zu kämpfen, baten die Töchter der Sabiner ihre Väter und Männer: „Beendet den Krieg, legt die Waffen nieder!"
Schließlich schlossen die Sabiner mit den Römern ein Bündnis, obwohl ihre Töchter geraubt worden waren.

16. DER KONJUNKTIV

1 irem – venires – posset – adessemus – regeretis – cuperent – faceret – explerentur – neglegeremini – premereris – relinqueremur – opprimerer – pararetur

2 „Wenn ihr doch Sinon nicht Glauben schenktet! Denn dieser Grieche ist ein Lügner! Wenn doch das Pferd nicht in die Stadt gezogen würde! Wenn ihr das Pferd nicht in die Stadt zöget, würde das Stadttor nicht zerstört. Ihr handelt gegen die väterlichen/heimatlichen Götter, wenn ihr die Stadtmauer zerstört. Wenn ihr mir glaubtet, könnten wir unsere Vaterstadt retten. Wenn ihr doch einsähet, dass das Pferd eine List der Griechen ist! Wenn ihr nicht so dumm wäret, könnten die Griechen unsere Stadt nicht erobern!"

3

venimus	veniamus	excitemini	excitamini
parant	parent	eat	it
curritis	curratis	mittaris	mitteris
habes	habeas	adsimus	adsumus
sum	sim	quaeramini	quaerimini
fugio	fugiam	nuntietur	nuntiatur
conscendimus	conscendamus	ducamur	ducimur
legis	legas	pareamus	paremus
abestis	absitis	fallaris	falleris
laboro	laborem	occupentur	occupantur

4 **ire:** eam (e-a-m), eas, eat, eamus, eatis, eant

5 Caesar trifft Vorkehrungen, die Truppen nach Gallien zu führen, um die Gallier und deren (ihre) Bundesgenossen zu überwinden. (Absichtssatz)
Er ermahnt die Soldaten, guten Mutes zu sein. (Begehrsatz)
„Ich bitte euch", sagt er, „dass ihre alle Gefahren gern auf euch nehmt. (Begehrsatz)
Ich bitte euch, dass ihr im Unglück nicht verzweifelt. (Begehrsatz)
Kämpft mit mir, damit wir die Feinde besiegen! (Absichtssatz)
Auch euch Götter flehe ich an. Von euch erbitte ich, dass ihr uns den Sieg gebt. (Begehrsatz)
Helft uns, dass Alesia endlich zerstört wird und die Gallier besiegt werden!" (Absichtssatz)

Cornelsen online http://www.cornelsen.de

Dieses Werk berücksichtigt die Regeln der reformierten Rechtschreibung und Zeichensetzung.

7. 6. 5. 4. € Die letzten Ziffern bezeichnen
07 06 05 04 Zahl und Jahr der Auflage.

Herstellung und Umbruch: Kristiane Klas, Frankfurt/Main
Druck und Bindung: Tesinska Tiskarna, Cesky Tesin
Printed in the Czech Republic
ISBN 3-589-21830-4
Bestellnummer 218304